한국의 법치,
그 길을 묻다

한국의 법치, 그 길을 묻다

초판 1쇄 발행 2010년 11월 6일

지 은 이 | 김기섭
펴 낸 이 | 김경배
펴 낸 곳 | 시간여행
책임편집 | 조은주

등 록 | 제313-2010-125호 (2010년 4월 28일)
주 소 | 서울시 마포구 서교동 394-66 동우빌딩 3층
영 업 | 070-4032-3664
편 집 | 070-4032-3665
팩 스 | 02-332-4111
이메일 | jisubala@hanmail.net

종 이 | 화인페이퍼
인 쇄 | 한영문화사

ISBN 978-89-964866-3-3 03360
값 12,800원

이 책의 내용에 대한 재사용은 저작권자와 시간여행의 서면 동의를 받아야만 가능합니다.
잘못 만들어진 도서는 구입하신 곳에서 바꾸어 드립니다.

한국의 법치, 그 길을 묻다

김기섭 지음

시간여행

🏛 시작하는 글

원칙과 법이 지켜지는 사회를 기다리며

1519년 11월 15일, 중종은 조선의 개혁자 조광조에게 유배를 명했다. 조광조는 중종이 조만간 자신을 불러줄 것이라 믿었지만, 한 달 뒤인 12월 16일 왕으로부터 날아온 것은 사약이었다.

오죽하면 조광조가 사약을 들고 온 금부도사에게 이렇게 물어보는 장면이 연출되었을까.

"그래, 내가 명색이 대사헌을 지냈는데 아무것도 없이 이렇게 달랑 종이 한 장으로 죽으라고 했단 말이오?"

조광조는 술을 급하게 들이켜 마음을 진정한 다음 추한 꼴을 보이지 않고 죽음을 받아들였다. 사약을 마시는 순간까지 임금에게 충성하는 시 한 수를 써 내려간 그는 군주가 곧 법이던 시대에 끝까지 법을 지키며 세상을 떠났다.
 실록은 이 부분에 대해 다음과 같이 적고 있다.

> 전일에 가까이 하여 하루에 세 번씩이나 뵈었으니 (두 사람의) 정이 부자처럼 가까웠을 텐데 변이 일어나자 용서 없이 엄하게 다스렸고 죽인 것도 임금의 결단에서 나왔다.

 조광조 시대에 지금의 법체계가 갖추어졌다면 그는 당연히 살아남았을 것이다. 500년이 지난 지금, 우리나라는 상상을 초월할 만큼의 법적·제도적 변화를 이루어냈다. 하지만 법조인의 현실 인식과 국민의 법 감정 사이에는 당시만큼은 아닐지라도 여전히 큰 거리감이 존재하는 것이 사실이다.
 사법부 개혁에 대한 법조계 안팎의 도전이 거세다. 무엇이 옳고 그른지 판단하기도 쉽지 않다. 그럼에도 한국은 500년 전의 전근대적 사회가 아니며 국민들 역시 현명한 판단을 내릴 수 있는 사고를 갖추고 있기에 필자는 이 시대적 혼란기가 잘 정리되고 좋은 결론을 도출할 수 있을 거라 믿는다.
 다만 우리 사회가 보다 발전하고 선진화하려면 '의견불일치'를 습관화해야 한다. 서로 틀린 것이 아니라 다르다는 것을 인정하는 훈련이 필요하다는 뜻이다. 그래야만 지금과 같은 갈등 구조를 물 흐르듯이 정리할 수 있을 것이다.

　법法은 삼수三水 변에 과거 거去라는 뜻이 합쳐진 말이다. 과거를 물에 흘려보내는 것이 곧 법이라는 말이다. 법은 그래서 더도 말고 덜도 말고 거스름이 없이 물처럼 흘러가야 한다. 필자도 그런 마음으로 한 평생을 살려고 노력해왔다.

　이 글은 약관의 나이에 법조계에 뛰어들어 한 평생을 법조인으로 살아온 필자의 회고록이자 시대를 읽는 반성문이라 감히 평하고 싶다. 집필을 시작한 이상, 우리 사회의 어두운 면과 고쳐야 할 점, 법조계의 문제점도 지적해보고자 한다. 한편으로는 격동의 세월을 살아온 법조인으로서의 삶을 후배와 동료들에게 조곤조곤 들려주고 싶은 욕심도 있다.
　마침 여기저기 써놓은 원고에 이런저런 이야기를 보태 책 한 권을 엮게 되었다. 이 글이 우리 사회에, 그리고 법조계에 작은 보탬과 함께 지난 세월을 돌아보는 계기가 되기를 기대한다.

서초동 연구실에서
김기섭

차례

시작하는 글 | 원칙과 법이 지켜지는 사회를 기다리며 • 4

1장 | 한국과 미국의 '살아 있는 법' 이야기

한국의 법 현실을 진단한다 • 11 | 한미 간의 법 현실 차이에서 교훈을 배운다 • 19 | 영미법 환경에서 배워야 할 것들 • 31
■ 조선의 전근대적 법체계 • 41

2장 | 사법개혁을 생각하다

전관예우라는 민감한 문제 • 45 | 변호사의 눈으로 바라본 검찰 스폰서 사건 • 49 | 진보와 보수의 갈등 • 55 | 차별과 역차별의 교훈 • 59 | 무죄추정의 원칙 • 63 | 법관 인사 문제의 개혁 • 66 | 여전히 남은 과제들 • 70

3장 | 변호사 시선으로 민감한 문제들을 보다

성범죄와 간통죄에 대하여 • 79 | 매춘에 대하여 • 83 | 사형제도에 대하여 • 88 | 낙태 문제에 대하여 • 91

4장 | 나 자신을 변호하다

판사의 길을 접다 • 95 | 원칙이 존중되는 사회 • 112 | 선의가 부담으로 돌아온 김근태 사건 • 118

5장 | 우리 사회와 권력의 그늘

권력의 그림자들 • 127 | 권력 이면의 어두운 세력들 • 135
우리 법조계가 반드시 고쳐야 할 세 가지 • 141

6장 | 국세 심판원, 9년간의 보람과 긍지

조세개혁에 대한 도전과 열정 • 151 | 조세의 기본 정신과 역사 • 162
■ 조선 초기의 조세제도와 세종의 조세정책 • 167

7장 | 조세와 관련한 주요 사건과 쟁점

조세 문제는 결국 사람 문제다 • 171 | IMF 백서조차 없는 현실을
개탄한다 • 189

8장 | 법학교육에 대한 단상

법학교육을 생각하다 • 199 | 로스쿨을 생각하다 • 214

9장 | 법률시장 개방, 실보다 득이 크다

법률시장 개방을 직시하라 • 229

부록 | 한국 변호사들을 위한 변명

국세심판원 혁신, 어떻게 생각하는가 • 241 | 법률시장 개방과
한국 법조의 대외지향성 • 251 | 칼과 방패, 모순의 역설을 깨자 • 264
변호사업계의 현상타파 주장에 대한 반론反論 • 273

글을 맺으며 • 287

Legal Mind

1장

한국과 미국의 '살아 있는 법' 이야기

Legal Mind

'법法'이라는 말만 꺼내도 골치 아프고 어렵다며 손사래를 치는 이들이 있다. 그러나 법은 분명 우리에게 도움을 주는 제도이다. 남들은 돈 때문에 울고 돈 때문에 운다지만 사실 살다보면 법 때문에 울고 웃는 일도 생기게 마련이다.

현재 법조 분야에서 가장 앞선 나라는 역시 미국이라고 할 수 있다. 당연히 미국의 법 현실과 우리나라의 법 현실은 상당한 차이가 있다. 이 책을 시작함에 있어 먼저 미국의 법 이야기를 꺼내는 것은 우리 법조계의 현상과 문제를 미국법과 비교해가면서 이야기하고 싶어서다.

한국의 법 현실을 진단한다

한국과 미국의 법체계

우리 법은 보통 헌법에서부터 규정되어 내려온다. 구체적으로 명문화된 법조문에 따라 법을 행사하고 재판을 진행하는 것이 우리나라의 법체계다. 따라서 검사와 판사가 창의적인 법해석을 할 수 있을 만한 여지란 없다.

미국의 헌법은 법으로 정해놓지 않아도 이를 현실에 적용하는 절차를 갖추고 있다. 이를 위해 검사와 판사는 법을 창조적으로 해석하는 기능을 가진다. 법을 해석하는 과정에서 현실에 맞게 재창조하는 것이다.

미국의 헌법 정신은 적법절차due process of law▪와 법 앞에 평등equal protection of the law, 두 가지로 나눌 수 있다. 이 가운데에서 '적법절차'란 국가권력의 행사는 법률로 정해진 정의에 맞는 절차에 따라야 한다는 원칙으로, 헌법조문에는 들어 있으되 이를 해석하는 책은 없다. 미국의 법조인들은 대신 법원에 가서 실례를 통해 적법절차를 하나하나 맞춰본다.

예컨대 요즘 우리나라에서 민감한 이슈가 되고 있는 낙태 문제를 들여다보자.

미국인들은 임신을 신이 주신 선물로 여긴다. 사람이 통제할 수 없는 영역이라고 생각하는 것이다. 그러다 보니 사회적으로 낙태가 금기시되는 것은 물론 주에 따라 낙태를 금지하고 있다. 또 출산 비용은 정부에서 지원하지만 낙태 비용은 개인이 부담해야 한다.

그런데 현실적으로 낙태를 금지할 수만은 없다 보니, 법 현실은 조금 다르게 적용된다. 강간당한 경우와 임신한 여성이 정신

▪ **적법절차** | 개인의 권리보호를 위해 정해진 일련의 법적 절차로, 국가권력을 행사함에 있어 개인의 기본권을 보장하려는 목적이 있다. 마그나카르타Magna Carta 39조에 명시된 '합법적 재판에 의하거나 국법에 의하지 아니하고는 체포·감금·압류·법외방치法外放置·추방을 당하거나 기타 방법에 의하여 침해될 수 없다'는 규정에 근원을 두고 있다.
미국은 수정헌법 제5조와 제14조에 적법절차 조항이 있다. 이에 따라 개인의 자유, 신체, 재산을 침해하는 경우에는 고지와 청문의 사전절차를 제공해야 한다. 한국에서는 1987년 헌법 개정 때 이 개념을 처음 도입하여 인신구속·처벌 등은 적법절차에 따른다는 규정을 두고 있다.

지체자인 경우, 출산할 만큼 건강이 유지되지 않는 경우 등 몇 가지 예외에 한해 미국 최고법원은 낙태를 허락한다. 이런 조건 하에서는 낙태의 허용 역시 헌법상의 권리로 보는 것이다. 대신 각 주정부는 낙태가 가능한 기한을 정확히 명시하고 있다.

즉, 대부분의 경우 임신기간이 12주가 지나지 않아야 하고 객관적인 형편이 앞의 경우에 해당되어야만 한다. 이것이 바로 적법절차다. 불필요하게 범법자를 만들지 않으면서 낙태를 막고 또 현실도 반영하는 장치인 셈이다.

우리나라의 형법은 임신 기간과 관계없이 모든 낙태를 처벌하도록 하고 있다. 의사가 눈감아주면 낙태가 가능하지만 그러지 않을 경우엔 낙태를 해준 의사도, 낙태수술을 받은 여성도 범법자가 된다. 법망에 걸리지 않으면 그만이고 걸리면 범죄자가 되는 것이다. 다만 모자보건법은 예외적인 경우에 한해 낙태 수술을 받을 수 있도록 하고 있어 형법과의 충돌이 문제가 되고 있다.

다른 사례를 생각해보자. 오래 전 우리나라에는 장발을 한 학생의 머리카락을 선생님이 바리캉으로 밀어버리는 일이 종종 있었다. 오늘날 이런 일이 생긴다면 그것은 인권침해일까, 아닐까. 한국과 미국의 법 적용은 어떻게 다를까.

미국에서는 학교가 학생의 머리를 짧게 통제하는 쪽의 손을 들어준다. 학교와 선생님에게 학생지도를 할 권리가 있다고 보는 것이다. 군인도, 재소자도 머리를 깎는다. 하지만 그 역시 헌법에 어긋나지 않는다고 판단한다.

구치소에 보내는 편지를 검열하는 경우는 어떨까. 우리나라에서도 같은 문제가 논쟁이 된 바 있다. 이런 경우 미국은 대상이 죄수라는 점을 감안해, 편지가 폭력을 조장하거나 약을 넣는 식의 뭔가 불법적인 일을 꾸밀 소지가 있다고 판단, 구치소의 검열행위가 헌법에 어긋나지 않는다는 입장이다. 오히려 구치소 쪽에 편지를 검열해야 할 의무가 있다고 본다.

한번은 미국에서 흥미로운 사건이 있었다. 한 죄수가 '죄를 지어 감옥에 있는 것은 인정하지만 왜 아내와 섹스 할 권리조차 빼앗아 가는가' 하는 문제를 놓고 주정부를 상대로 소송을 걸었다. 소송 결과 미국 법원은 재소자의 섹스 할 권리를 인정하지 않았다. 범죄를 지어 구치소에 수감된 재소자에게까지 개인적인 성생활을 보장해줄 필요는 없다는 판단에서였다.

미국 헌법의 또 다른 시각은 인종문제에서도 드러난다. 흑인이 대통령으로 선출될 만큼 크게 바뀐 미국이지만 사실 흑백문제는 오랜 사회 갈등의 주된 원인 가운데 하나였고, 지금도 다소 앙금이 남아 있다.

한국 전쟁 참전 당시 미국은 흑인과 백인을 각각 다른 부대에 배치했다. 이때 흑백분리가 법정신에 위배되는 것이 아니냐를 두고 쟁론이 벌어졌다. 그러나 당시에는 분리가 가능하다는 판결이 나왔다. 유색인종과 백인을 분리하는 것 자체로는 법 앞에 평등이라는 원칙에 어긋나지 않는다고 본 것이다.

한국이라면 어떨까. 교육계에서 장발을 지나치게 단속했다가는 일부 찬성하는 사람들을 제외하고는 교사와 학교 모두 학부모로부터 심한 비판을 받을 것이다. 체벌은 더 말할 것도 없다. 실제로 최근 잘못한 학생을 체벌하는 문제를 두고 현 민선 교육감의 체벌 금지령이 내려지면서 논란이 되고 있다.

모든 문제가 마찬가지다. 헌법상의 적용을 두고 절차와 구체적인 현실의 차이를 줄여주는 노력이 있어야 함에도, 우리 사회는 늘 감정적 대립이 먼저고 이론적인 기반을 만들거나 토론을 통해 해법을 찾아가는 일에는 서툰 모습을 보여주고 있다. 우리가 여전히 법보다 감정이 앞서 있는 사회에 살고 있다는 증거다.

앞서 말한 재소자의 소송과 같은 논쟁은 우리나라에서도 얼마든지 일어날 수 있다. 미국과 한국을 비교해볼 때 10년 정도 간격으로 같은 법률분쟁이나 소송이 이루어지고 있는 추세임을 감안하면 사회변화에 따른 다양한 법적 논란에 대한 대응책을 찾을 시점에 이르렀다.

법의 해석과 적용에 대한 시각 차이

법 규정은 우리 일반인의 생각과는 다르게 적용되는 경우가 많다. 법이란 과연 어떻게 적용될까. 한 가지 사례를 생각해보자. 우리 형법 가운데에서는 사람을 죽인 죄가 가장 무겁다. 형법 250조에 따르면 사람을 살인한 자는 사형, 무기징역, 3년 이상의 유기징역에 처한다고 되어 있다.

그렇다면 헌법에서는 사람이란 무엇이며 살인이란 어떤 상황이라고 정의하고 있을까.

필자가 법대에 들어가 제일 먼저 배운 주제가 바로 '무엇이 사람인가' 하는 문제였다. 법적 용어와 대상으로만 말하자면, 사람은 어머니 뱃속에서 나오면서부터 비로소 사람이라는 자격을 갖게 된다.

어머니 뱃속에 있는 상태에서는 아직 출생하지 않은 사람으로 보아 태아로 구분한다. 따라서 태아를 살인한 경우에는 법적으로 다른 해석이 적용된다. 물론 태아라고 해서 법적 보호가 소홀한 것은 결코 아니다. 태아도 상속권이 있고 법률상 여러 가지 권리를 가진다.

하지만 형법 250조에서 정의하고 있는 '사람'이 되려면 어머니 뱃속에서 나와야 한다. 그런데 어머니 뱃속에서 나오는 것을 법률적으로는 어떻게 표현할 것인가. 일반인이 볼 때는 단순한 문제인 듯하나 법적으로는 규정하기가 쉽지 않다.

진통개시설은 산모가 진통을 시작하면 사람으로 보는 견해다. 이와 달리 어머니의 산도産道에서 나올 때부터 사람으로 인정해야 한다는 주장도 있다.

반대로 언제부터 사람이 아닌가. 사람이 죽고 난 다음 총을 쏜 경우라고 치자. 이는 살아 있는 사람에게 총을 쏜 것이 아니므로 살인이 아니라 시체를 훼손한 것이 된다. 당연히 법 적용도 달라진다.

그렇다면 사람이 죽는다는 것은 호흡이 끊긴 상태인가, 심장이 멈췄을 때인가. 심폐기능정지설에 따르면 심장과 호흡 모두 기준이 된다. 그러나 인공호흡기와 인공심장이 등장하면서 이같은 정의에도 문제가 제기되고 있다.

2009년 연명치료 중인 한 환자로부터 인공호흡기를 떼느냐 마느냐를 두고 격론이 벌어진 일이 있었다. 식물인간이나 뇌사 환자를 놓고 이처럼 논란이 그치지 않는 것은 법적으로 사망 시점을 정하는 문제가 결코 쉬운 결정이 아님을 말해준다. 인간의 생명과 존엄성이 그만큼 고귀하기 때문이다.

사실 법이란 인간을 위해 존재하는 것 아닌가. 더욱이 법은 규정과 정의, 현실적 적용에 있어 다양한 해석이 가능하다. 결국 법이란 시대와 상황에 따라 계속해서 변화하고 발전되어야 한다. 그런데 우리 법 시스템의 맹점은 이 같은 시대변화를 제대로 좇아가지 못하는 상황에서 빈번하게 드러나고 있다.

법으로서 안정감은 있되 시대변화를 제대로 반영하지 못한다는 약점, 그것이 우리나라 법 적용의 현주소이다.

한미 간의 법 현실 차이에서
교훈을 배운다

열려 있는 법, 닫혀 있는 법

미국 법은 우리나라 헌법처럼 자세하게 규정되어 있지 않아 법률가의 역할이 그만큼 중요하다. 시공간적인 개념이 열려 있는 법 앞에선 창의적인 사고가 뒷받침되어야 하기 때문이다. 미국의 법률가나 변호사가 우리 법조인에 비해 좀 더 중요한 일을 한다고 말하는 이유다.

미국의 경우 법조인이 법을 어떻게 해석하느냐에 따라 유죄가 될 수도 있고 무죄가 될 수도 있다. 당연히 법률의 재해석에 따른 반론적인 문제도 나올 수 있다. 능력 있는 변호사를 쓰면 재판을 뒤집기도 해서 유전무죄 무전유죄라는 말까지 나온다.

미국은 나아가 형사나 민사나 할 것 없이 배심원 제도를 활용한다. 배심원제 또한 창조적이며 열려 있는 법률 해석을 가능하게 만드는 원천이다.

배심원 명부 가운데 무작위로 선정된 배심원은 하루 20달러라는 적은 일당을 받으며 재판에 임한다. 재판이 끝날 때까지는 TV도 볼 수 없고 재판과 관련 있는 외부와의 접촉도 허락되지 않는다. 개인적으로는 불편하고 귀찮은 일이 아닐 수 없다.

그럼에도 시민의식을 발휘하여 공정하고 정의롭게 판결에 임하는 이들 배심원이야말로 미국의 법 정신을 구현하는 첨병이자 민주주의 법 정신의 실현자라 할 수 있다.

미국은 아울러 법학뿐 아니라 심리학, 사회학 등 모든 학문이 열려 있다. 그 결과 어떤 사건이 생기면 그 분야의 전문가들을 모두 불러 토론을 거쳐 결론을 도출한다.

반면 우리나라의 법조인은 법조문 안에서만 사건을 바라본다. 닫혀 있는 법을 재해석하는 것에 불과하다. 게다가 최종적인 판단은 판사의 몫이다.

그러나 판사 한 사람이 수많은 복잡한 사건에 대해 전문가 역할을 해낸다는 것은 현실적으로 불가능하다. 현재 법관 운용 방식의 미흡함을 보완하기 위해서는 각 분야의 전문가를 비상임대법관으로 활용하는 시스템이 절실하다.

가령 생리기간 중에 절도 욕구를 느끼는 여성이 법정에 섰다고 가정하자. 이 여성이 느끼는 절도 욕구는 그녀의 인격이나 교양과는 무관하다. 따라서 재판부는 이 여성에게 징역을 선고하기에 앞서 심리학자를 불러 이야기를 들어보거나 약물치료를 권하는 것이 옳다. 그러나 우리나라에는 그와 같은 보호장치가 충분히 마련되어 있지 않다.

미국의 경우에는 심리학자를 불러 의견을 구하고 감호시설이나 치료시설에서 당사자를 관리하도록 한다. 대신 미국의 재판은 사회적으로 많은 비용이 들고 시간이 오래 걸린다는 단점이 있다.

살인, 법 해석에 따라 유무죄로 갈리기도

형법 250조에 나오는 '살인'을 두고 한미 간의 차이를 이야기해 보자. 우리 형법은 살인의 수단과 방법에 대해서는 규정하고 있지 않다. 칼을 쓰든 몽둥이를 쓰든 독극물을 사용하든 제한이 없다. 한 사람을 해치든 그 이상을 해치든 마찬가지다.

그런데 미국의 법 교과서는 살인을 우리와 다른 방식으로 해석한다. 우선 사람을 죽인 범죄는 통틀어 호미사이드homicide라고 부른다. 이때 사람을 죽일 의사를 사전에 품었느냐, 아니면 고의 없이 살인이 이루어졌느냐에 따라 형량은 크게 달라진다.

전자의 경우는 머더murder에 해당되며, 그 중에서도 치밀한 사전계획이 이루어진 경우 1급 살인으로 분류해 최고 사형을 선고한다. 하지만 고의 없이 살인이 이루어진 경우, 즉 우발적으로 살인을 저질렀거나 부주의로 죽음을 야기했을 때는 형량이 낮아진다.

1981년 워싱턴 D.C의 한 호텔 앞에서 로널드 레이건 대통령이 저격을 당해 총상을 입는 사건이 있었다. 범인인 존 힝클리는 기자들 틈에 숨어 있다가 대통령을 향해 6발의 총을 발사했다. 자신이 빠져 있던 영화 속 여배우에게 깊은 인상을 주기 위해서였다.

고의적이고 계획적인 범행임이 인정됐지만, 재판부는 대통령을 저격하려 했던 범인에게 무죄를 선고했다. 평소 정신적인 문제가 있는 것으로 드러났기 때문이다. 결국 범인은 교도소 대신 정신병원에 감금됐다.

오제이 심슨은 바람피운 아내를 죽인 혐의로 구속됐으나, 살인죄에서 무죄를 선고받았다.* 그러나 훗날 거액의 위자료를 선고한 민사재판의 상반된 결정으로 천국과 지옥을 왔다 갔다 해야 했다.

　심슨 사건은 미 의회에서까지 논란이 됐다. 그러나 미국의 여론 주도층은 입법부가 사법부의 판단을 쟁론화하는 것은 삼권분리 원칙에 어긋난다고 보아, 이 사건을 정치적으로 쟁점화하거나 공론화하지 않았다. 평범한 국민들로 구성된 배심원의 판정을 존중하는 것이 민주정치의 원칙이라고 믿은 결과였다.

　위의 두 사건이 우리나라에서 벌어졌다면 어떤 결과가 나왔을까. 대통령 저격범을 처벌 없이 정신병원에 넣는다, 아내를 죽인 사람이 무죄다, 아마도 적지 않은 논쟁과 혼란이 벌어졌을 것이 분명하다.

　명분과 실리의 싸움, 도덕과 현실의 싸움에서 우리는 과연 어

■ **오제이 심슨 사건** | 1995년 10월 3일 전처 살인혐의를 받고 있던 풋볼스타 O. J. 심슨은 사건 발생 1년 4개월 만에 무죄판결로 풀려났다. 일반인의 법 감정과 다른 그의 무죄 판정은 숱한 논란의 중심에 섰다. 그러나 1997년 2월 4일에 열린 민사소송에서 배심원들은 심슨에게 유죄판결을 내렸다. 같은 살인사건을 두고 형사소송에서는 무죄, 민사소송에서는 유죄라는 기막힌 판결이 내려지면서 심슨은 850만 달러를 지불하라는 배심원의 판정에 따라 모든 재산을 차압당하고 무일푼이 되고 말았다.

떤 선택을 해야 할까. 우리의 사법 시스템과 미국의 사법 시스템 가운데 어느 쪽이 더 공정하고 합리적일까.

분명한 것은 선진국민이 되기 위해서는 감정을 줄이고 법 현실과 적용을 객관적으로 받아들여야만 한다는 사실이다. 또한 법의 개정이나 변화가 요구되는 상황에 직면할 경우, 충분한 사회적 합의가 선행되어야 한다. 이는 우리 국민 스스로가 짊어져야 할 과제이다.

즉결재판으로 재판 부담 줄여야

한미 간의 법체계는 즉결재판의 처리와 활용에서도 큰 차이가 드러난다. 우리나라의 즉결재판은 주로 벌금에 해당하는 가벼운 범죄를 다루며, 정식 형사소송 절차 없이 순회판사가 약식재판을 행한다. 도로교통법 위반과 경범죄처벌법 위반인 경우가 대부분이다. 즉결재판을 제외한 경우는 형사법원에서 판사가 영장을 발부한다. 하지만 영장에 도장이나 찍는 판사가 과연 판사일까.

미국에서는 배심이 서는 경우에만 판사 judge라는 말을 쓴다. 판사는 배심원의 참여하에 법률적 이슈가 있는 문제를 정리해주는 사람으로, 하나님의 대리자로 여겨진다. 대법관을 정의justice 그 자체라 부르는 것도 이 때문이다. 이에 반해 법률적 쟁점이 없는 즉결재판을 진행하는 사람은 보안관sheriff으로 구분한다.

한편 우리나라의 즉결심판은 선고기간을 29일 이하로 제한하는 데 반해, 미국은 1년 이하까지 선고할 수 있다. 사정이 이렇게 다르다 보니 우리나라에선 단독 판사가 처리하는 다수의 범죄가 미국에선 즉결재판으로 대부분 정리된다. 절도범을 가지고 정식재판에 회부하는 일도 거의 없다.

한미 간의 법적처리 과정 또한 상당한 차이가 있다. 우리 법은 범죄를 저지르는 방식에 따라 판결이 달라진다. 칼을 들었는지, 낮인지 밤인지 여부도 판결을 좌우하는 변수가 된다. 예컨대 야간주거침입은 위험성이 큰 범죄로 보고, 두 사람 이상이 함께 가담한 경우에도 특수절도라 하여 더 무거운 처벌을 내린다.

그러나 미국은 절도에 의한 피해금액의 차이에 따라 형량이 달라진다. 가령 미술관에 있는 좋은 그림이나 값진 보석을 절도했다면 즉결재판에 가지 않고 정식 형사재판에 회부된다. 그러나 한밤중에 배가 고파 구멍가게에서 빵이나 라면을 한두 개 훔친 경우라면 즉결심판에서 이를 처리한다.

이 경우 우리나라에선 야간주거침입에 해당되므로 집행유예

처리가 어렵다. 실형을 면할 수 없는 것이다. 좀 더 현실적이고 원론적인 입장에서 법을 다루는 미국과의 차이다.

절도와 관련한 또 다른 예를 들어보자. 누군가 백화점에서 신상품을 슬쩍했다고 치자. 이때 훔친 물건이 볼펜이라 해도 우리나라에서는 소동이 벌어지거나 절도죄로 처벌받을 수 있다. 하지만 미국인들의 관점은 다르다. 돈을 많이 버는 기업인 백화점에서 소량의 물건을 한두 개쯤 훔치는 숍리프트shoplift, 즉 좀도둑이나 들치기에 대해서는 굳이 처벌하는 일이 없었다.

지금은 좀도둑이 워낙 많아 달라졌다고는 하나, 같은 절도에 대해 이를 바라보는 인식은 우리와 상당한 차이가 있다. 영국도 마찬가지다. 미국이나 영국 모두 좀도둑의 경우 처벌 대신 훈방하고 넘어가자는 사회적 합의가 존재했다.

미 8군 사병들이 간혹 우리나라 백화점에서 소소한 물건을 훔치다 걸리는 일도 이와 같은 두 나라의 법 인식 차이에서 비롯됐다. 한국의 법 현실에 대한 이해가 없는 그들은 미국처럼 처벌을 받지 않으리라는 생각에 물건을 훔치곤 했다. 문제가 불거지자 미군이 '백화점에서 물건을 훔치는 것은 범죄입니다'라는 광고를 했다는 이야기도 들은 적이 있다.

법 제도로 보면 우리나라의 경우에 즉결재판은 1심에 해당한다. 미국에서는 즉결은 그것으로 끝나되, 불복하면 1심 항고에 들어가게 된다. 알고 보면 참 많이 다른 것이 우리나라와 미국의 법 현실이다.

손해배상도 적용이 달라진다

교통사고를 당하는 바람에 팔을 잃은 피해자가 있다고 하자. 우리나라에서는 손해배상액 시한을 58세 정년을 기준으로 삼는다. 가령 피해자가 앞으로 25년 더 일할 수 있다면 그 가치를 현재 금액으로 따져 손해배상액을 계산한다.

그런데 이를 적용하는 수치계산법에 따르면 앞으로 일할 기간이 25년이라 해도 대략 21~22년 치의 배상액만 지불하도록 한다. 일시불로 손해배상을 하는 과정에서 중간이자를 공제하기 때문이다. 이를 호프만식 계산법■이라고 한다.

그런데 미국 텍사스 주에서 손해배상액의 중간이자를 빼지

■ **호프만식 계산법** | 기한이 도래하지 않은 채권이나 손해배상액의 현재가액을 산정하는 방법이다. 장래 취득될 것으로 예상되는 금액에 대한 손해배상을 그 시기의 도래를 기다리지 않고 현재 즉시 지급하는 경우, 호프만식 계산법은 단리로, 라이프니츠식 계산법은 복리로 중간이자를 공제한다. 즉, 호프만식 계산법은 중간이자를 원금에 대해 생기는 것만을 계산하여 보상액에서 공제하는 것이고 라이프니츠식 계산법은 공제할 이자를, 원금에 추가된 중간이자까지 가산한 총액에 대해 계산하는 것을 말한다.

않아 논쟁이 붙은 일이 있었다. 텍사스 주 법원은 물가가 오르는 것을 감안할 때 알파를 더해주는 것이 옳지, 되레 배상액을 깎는 것은 이치에 맞지 않다고 보았다.

그런데 손해배상액의 중간이자를 공제하고 있는 우리나라의 경우 실제로 중간이자를 공제하라는 법률조항은 어디에도 없다. 그저 관행적으로 행해지고 있을 뿐이다.

필자는 이 부분에 대한 법률적 개선이 하루빨리 이루어져야 한다고 생각한다. 그래야만 억울하게 피해를 입는 사람들이 줄고, 선진국 법체계로 가는 지름길이 될 것이다.

한미 양국의 등기제도

누군가 집을 팔았다고 가정하자. 그 집에는 월세든, 전세든 임차인이 살고 있었지만, 집주인은 이 사실을 집을 산 사람에게 밝히지 않았다. 이 때 집을 새로 산 사람이 임차인에게 나가라 한다면 어떻게 해야 할까. 지금은 임차인보호법이 있어 임차인이 나가지 않아도 되지만, 예전에는 달리 방법이 없었다. 용산 4구역 화재사건*도 같은 문제에서 비롯됐다.

법적으로 채권적인 부분은 소유권자에게 대항하지 못한다.

그러나 세 들어 사는 사람 역시 보호가 필요하다. 그래서 생겨난 임대차보호법은 처음에는 전세금 가운데 1500만 원을, 현재는 평수에 따라 5천만 원까지 보호해주고 있다. 한국의 법 현실은 여기까지다.

미국에서는 집을 산 사람이 현장을 가서 집의 상태를 확인해야 할 의무가 있다. 만약 확인하지 않았다 해도 법원은 직접 가본 것으로 간주한다. 현재 집 상태를 그대로 인수한 것으로 인정해버리는 것이다. 결국 집을 판 사람보다는 집을 구입한 사람이 모든 책임을 떠안아야 한다.

용산 4구역 화재 사건의 경우 법 현실이 사회를 따라가지 못한 데에 상당한 책임이 있다. 세입자들은 점포를 얻으면서 권리금을 지불했다. 당연히 세 들어 사는 사람도 보호해달라고 요구할 수 있다. 그러나 지방자치단체에서 재개발 사실을 공고한 다음이라면 이야기가 달라진다.

재개발 사실을 알면서도 권리금을 주고 장사를 한 경우라면 어떻게 해야 할까. 결국 보상금을 못 주겠다는 서울시와 보상을

■ **용산 4구역 화재 사건** | 2009년 1월 10일 서울특별시 용산구 한강로 2가에 위치한 남일당 건물 옥상에서 철거농성 중이던 세입자와 전국철거민연합회 회원들을 경찰과 용역직원들이 진압하는 과정에서 화재가 발생하면서 다수의 사상자가 발생했다.

요구하는 세입자의 입장이 첨예하게 대립하는 결과를 가져왔다.

이 경우 누구의 잘잘못인가를 가리는 것은 더 이상 의미가 없다. 서울시 입장도 맞고, 피해자 입장도 일리 있는 상황에선 이 문제를 법적으로 어떻게 해결할 수 있을지에 대해 사회적 합의나 법적·제도적 뒷받침이 있어야 했다.

그러나 서울시는 개발을 맡은 재개발조합에서 비용을 부담하여 문제를 해결하도록 결정했다. 민간 재개발사업이라는 이유로 서울시의 지방자치예산을 걸어 잠근 것이다. 이것이 과연 옳은 결정인가. 지자체 정부가 자신의 할 일을 남에게 미룬 것 아닌가.

이 문제를 시민들은 어떻게 볼지 궁금했던 필자는 택시기사들에게 의견을 물어보곤 했다. 그들 가운데 대략 80% 정도는 용산 화재사건의 피해자 편을 들었다. 사회적 약자에 대한 동정이었다. 필자는 어째서 피해자들 편을 드는지 다시금 물었다. 대답은 대개, 그들은 사회적 약자인 데 반해 개발업자는 돈을 많이 벌지 않느냐는 식이었다. 이것이 우리 국민들의 법 인식이다.

그러나 법 인식은 그러하다 할지라도 무조건 피해자의 편을 드는 것은 정치적인 해결방식이지, 원칙적·법적 해결방법은 아니라고 생각한다. 사건의 시작도 끝도, 감정을 죽이고 법적으로 처리했더라면 하는 안타까움이 남는다.

영미법 환경에서 배워야 할 것들

미국의 영향력과 극미克美

우리나라는 미국과 동맹 또는 혈맹이라는 이름으로 깊은 관계를 맺고 있을 뿐 아니라 무역과 교류에 있어서도 긴밀한 영향을 주고받고 있다. 법조계 역시 예외는 아니다.

미국은 제2차 세계대전 이후 사실상 전 세계를 지배하고 있는 나라다. 제2차 세계대전의 승전국이라는 사실이 직접적인 이유였다. 미국이 전쟁에서 이긴 것은 훈련받은 군인이 많아서가 아니었다. 전쟁에 소요되는 무기들을 대량 생산할 수 있는 기반이 월등한 덕분이었다. 곧 경제력의 승리였다.

지금도 미국은 전 세계 산업생산량의 25%를 생산한다. 여기에 무기나 영화, 엔터테인먼트 산업까지 모두 합치면 30%를 차지한다는 경제학자도 있고, 21%를 생산한다는 주장도 있다. 한때 전 세계 생산량의 13%를 차지했던 일본은 현재 8%로 그 비중이 줄었고, 한국은 2.2%를 조금 넘는 것으로 알고 있다. 미국은 인구만 하더라도 3억 1천만 명 규모에 육박하는 나라다. 따라서 어떤 나라라 하더라도 경제적으로 성장하기 위해서는 미국과 손잡지 않을 수 없는 환경이 되고 말았다.

1893년 미국의 제5대 대통령 먼로는, 미국은 영토 확장에 대한 욕심이 없으며 자국 내 문제는 알아서 해결할 테니 국제분쟁이 일어나더라도 미국을 끼워 넣지 말라는 입장을 분명히 했다. 고립주의에 가까운 중립정책인 먼로주의Monroe Doctrine가 그것이다.

실제로 미국은 알래스카 매입을 끝으로 제국주의를 멈추고 더 이상의 영토 확장을 하지 않았다. 그러나 제2차 세계대전이 끝나면서 미국이 국제문제에 개입하지 않을 수 없는 상황이 계속해서 벌어졌다. 이때부터 미국에서의 기준이 곧 세계의 표준이 되는 비중도 늘어났다.

법률도 마찬가지였다. 미국이 각 나라와 경제관계를 맺는 과정에서 미국 법, 특히 경제관계 법률과 세법 등이 흠잡을 데 없는 것으로 알려졌다. 그러자 너도나도 미국 법을 원용하거나 비슷하게 만들어 활용하기 시작했다.

우리나라 역시 미국과 조세조약을 맺는 과정에서 아메리칸 모드를 따랐다. 신용장이라든지 계약서 할 것 없이 미국의 규정을 모델로 사용했다.

그 결과 미국은 무력을 동원하지 않지 않는 분야, 즉 사고영역, 문화, 법률 등 전반에 걸쳐 전 세계를 지배하게 되었다. 하지만 이 점이 소위 후진국에게 나쁜 영향만 미친다고는 볼 수 없다. 후진국이 가진 문제점에서 벗어나 선진적인 본보기를 삼을 수 있는 계기가 될 수도 있기 때문이다.

그럼에도 만약 미국의 제도나 표준에 반대하는 나라가 있다면 미국보다 더 나은 제도를 제안하고 더 좋은 상품을 내놓으면 된다. 반미를 외치기 위해서는 그 이상의 제도나 대안을 찾아야 한다는 것, 그것이 곧 우리가 지향해야 할 극미克美이다.

미국, 저변의 강함

미국에서 변호사를 하려면 먼저 법관들 앞에 서야 한다. 성조기 앞에서 미국 헌법을 지키고 변호사로서 정직하게 일하겠다고 선서하는 자리다. 이때 고위판사와 인터뷰도 거치게 된다.

당시 미국 뉴욕 주 변호사 시험에 합격한 후 선서를 위해 앞에 선 필자를 향해 한 판사가 물었다.

"당신은 변호사로서 실제 활동을 어디서 할 건가요?"

"저는 한국으로 돌아갈 생각입니다."

그는 미국에 있으면 돈도 많이 벌고 더 좋은 대우를 받을 텐데 당시엔 후진국이던 한국으로 왜 굳이 돌아가려고 하는지 물었다. 그래서 필자가 대답했다.

"한국은 지금 한창 경제발전 중에 있습니다. 따라서 미국 법을 정확히 아는 변호사가 필요하지 않겠습니까?"

"그건 미국도 마찬가지입니다. 우리 역시 한국 법을 잘 아는 변호사가 필요합니다. 그러니 미국을 도와주면 얼마나 좋겠습니까?"

"그렇긴 하지만 한국은 제 고향입니다. 그래서 돌아가려는 것입니다."

"아, 그렇다면 말릴 수 없겠군요. 변호사가 되었으니 한 말씀 드리고자 합니다. 당신네 나라는 6.25 전쟁을 겪었습니다. 당연히 법치가 통하지 않는 어려움을 겪었을 겁니다. 그것이 전쟁입니다. 혹시 미국이 한국에서 불법적으로 저지른 행동이 많았더라도 당신들이 용서해주기 바랍니다."

필자는 그의 충언에 큰 감동을 받았다. 당시는 1980년대 무렵이었다.

그리고 몇 해 전, 노근리양민학살사건에 대한 이야기가 나왔을 때 그 판사의 이야기가 떠올랐다. 미국이 강대국이 된 저변에 그와 같이 성숙한 시민의식을 가진 사람들이 있었구나 싶었다.

법 선진국 영국

현재 법률이 가장 발달한 나라는 미국이지만, 영미법의 근간은 영국에서 찾을 수 있다. 영국은 제2차 세계대전이 끝나고 미국이 주도하는 시대가 오기 전에 세계를 지배했던 나라다.

그러나 실상 영국이 패권을 손에 쥔 것은 100년도 채 되지 않았고, 그 전까진 스페인이 세계를 지배하고 있었다. 로마 교황이 스페인에게 신대륙개발권에 관한 일종의 면허권을 넘긴 것이 계기였다. 신대륙을 발견한 사람은 이탈리아인이었지만, 그를 후원한 것은 스페인 왕실이었다.

영국은 스페인 사람들이 신대륙을 누비며 금을 캐고 부를 쌓는 것을 방관하지 않았다. 로마 교황에게 같은 특혜를 요구했다 거절당하자 해군사관학교를 만들었다. 이름만 사관학교일 뿐,

사실 부를 쟁취하기 위한 해적사관학교나 다름없었다. 영국의 해적은 모두 사관학교를 나왔다는 말이 나올 정도였다. 이들은 바다로 나가 스페인 선박에서 금은보화를 빼앗아 본국에 들여보냈다.

그리고 1588년, 해상과 아메리카 대륙에서의 패권을 두고 영국-스페인 간에 전쟁이 벌어졌다. 이 전쟁에서 스페인의 무적함대가 패하면서 영국은 100년 정도 세계를 지배하게 된다.

영국은 이미 헨리 8세(1491~1547년) 때부터 눈부신 성장을 기록하고 있었다. 영국의 국경선이 이때 만들어졌다는 얘기까지 나왔다. 그리고 바로 이 시기에 영국은 법적 환경에서도 선진국을 향해 가고 있었다.

앤 불린은 헨리 8세의 두 번째 왕비였다. 그녀는 첫 번째 왕비인 캐서린과의 결혼무효를 교황이 인정하지 않자 헨리 8세가 영국종교개혁을 단행하는 발단이 되기도 했다. 두 사람은 끝내 비밀결혼을 치르지만 왕자를 낳지 못한다는 이유로 헨리 8세는 앤 불린을 내쫓으려 한다. 그녀는 결국 첩자로 몰려 재판장에 서게 된다.

하지만 이 과정에서도 영국 왕실은 그녀에게 국선변호인을 붙여주고 왕실 대법정에서 재판을 받게 했다. 현대적 의미에서 변호사 역할을 도입한 것이다. 검사 측은 앤이 프랑스의 첩자 노릇을 했다는 조작된 증거를 제시하지만, 대신 그녀에게 무죄를 입증할 기회 또한 제공한다.

당시 사법제도의 기틀이 어느 정도 확립되어 있었음을 반증하는 사례이다. 바로 이런 밑바탕 위에서 영국은 법률 선진국이라는 평가를 받기 시작했다.

영미법과 대륙법

영국과 미국 계통의 법을 일컫는 영미법은 보통 독일, 프랑스 등의 대륙법에 비해 선진적이라는 평가를 받는다. 우리와 이웃한 일본은 법조계에선 상대적으로 후진적이라 평가받는 독일과 프랑스 법체계를 받아들여 지금의 헌법체계를 만들었다.

우리나라 역시 우리보다 앞서 있던 일본의 사법제도를 그대로 받아들이면서 대륙법 계통에 속하게 되었다.

사람들은 미국에서 공부한 이승만 전 대통령이 왜 미국의 사법제도를 따르지 않았는지 궁금해한다. 하지만 당시 시대 상황을 감안하면 일본식 법체계를 받아들일 수밖에 없었을 것이라는 이야기가 나온다.

갑자기 찾아온 광복 이후 서둘러 정부를 구성하는 과정에서 행정이나 사법 분야의 경험이 있는 자는 일제강점기 시절의 관료나 당시 법원 쪽에서 근무하던 사람들뿐이었기 때문이라는 추측도 있다.

그런데 독일은 왜 영국법을 따르는 대신 대륙법의 특성을 취하게 된 걸까. 일설에 따르면 제1차 세계대전이 일어나기 전, 영국을 따라잡고 국민을 효율적으로 통제하기 위해 국가가 앞장서서 보다 권위적이고 강제적인 법체계를 채택한 것이라는 주장이 설득력을 얻고 있다.

우리나라는 영국식 사법제도가 아닌 독일·프랑스식 사법제도의 혼합방식을 따르면서 법원의 구성 또한 독일과 유사한 방식을 취하게 됐다. 그 결과 고등고시를 통해 판사를 합격시킨 다음 이들에게 전문적인 교육을 시켜 등용하는 대신, 배심제도는 채택하지 않았다. 아울러 강도 같은 중죄는 합의부에서 재판하게 하고 조금 경미한 죄는 단독으로 재판하는 체계를 갖추었다.

즉, 사건의 어려움은 고려하지 않고 외형적인 기준에 따라 판결의 체계를 정한 것이다. 일종의 구조적인 문제라 할 수 있다.

최근 단독이니 합의부니 하며 판결 주체를 문제 삼고 있는 전교조 교사의 엇갈린 판결 논란만 해도 그렇다. 사회적인 민감성을 따진다면 합의부로 갔어야 하는데도 당초 단독으로 판결을 강행한 것은 우리 법체계의 외형주의로 인한 문제라고 할 수 있다. 같은 방식을 고수하는 한, 앞으로도 계속해서 문제에 직면할 수밖에 없을 것이다.

법은 살아 숨 쉬고 진화한다

우리 법을 후진적이라고 일컫는 또 다른 이유는 백성들의 청원에 따라 법을 만든 것이 아니라 통치자나 권력가들이 일방적으로 법률임을 명시하고 지키도록 한 데서도 원인을 찾을 수 있다. 그러나 비약적이고 압축적인 국가성장 과정에서 법률의 수준도 높아지기 시작했다. 그 결과 일본과는 5년 정도의 격차가 나고, 유럽에서는 스페인과 비슷한 수준으로 올라선 것으로 보인다.

물론 아직도 미흡한 점이 많기에 계속해서 법을 고치고 현실에 맞게 발전시켜가야 할 책임이 우리에게 있다. 무엇보다 법을 집행하고 해석함에 있어 문제가 있다면 이를 공론화하고 심사숙고하여 현실화하는 것이 우리 국민의 우선 과제다.

일각에선 사회적 분란과 여론의 분열을 우려하는 목소리가 높지만 필자는 이 문제에 관한 한 낙관적이다. 우리나라는 지금까지 수많은 문제를 침착하게 해결해왔다. 아무리 시끄러운 문제가 발생한다고 해도 물러설 국민이 아니다.

  현실에 맞는 법을 발전시켜 나가기 위해서는 무엇보다 법이 살아 숨 쉬며 진화하는 존재임을 잊지 말아야 한다.

조선의 전근대적 법체계

우리 법의 역사는 파란만장하다.
한국과 일본의 법은 비슷한 듯하지만 출발이 다소 달랐다. 일본은 유럽형 봉건제도를 채택한 반면, 한국은 중국을 좇아 중앙집권적 봉건주의를 운용했다. 다만 재판 업무만큼은 고을 수령이 전부 해결했다. 민사, 형사의 구분도 없는 데다 법률전문가가 아닌 수령이 재판을 맡다 보니 부작용도 많고 부패도 끊이지 않았다. 게다가 사또의 판결에 이의가 있어도 하소연할 방법이 거의 없었다.

조선시대에는 사대부의 경우 상소를, 서민은 신문고와 격쟁을 이용해 수령의 판결에 이의를 제기하고 민원을 해결했다. 그러나 글을 모르는 이는 상소를 올리지 못했고, 신문고는 가까이에 사는 백성들에게만 편리했다. 격쟁은 임금 행차 때 징을 치고 나가 엎드리면 볼기 몇 대를 맞고 민원을 들어주던 제도였다. 그러나 임금이 행차하는 일은 드물어서 서민들로서는 그저 참고 지내는 수밖에 없었다.

한편 조선시대에는 부동산의 등기제도가 없었다. 법률적으로 모든 부동산은 국가의 소유였기 때문이다. 일등공신에 한해 부동산 이용권이 주어졌지만, 자식 중에 반역자나 죄인이 있으면 몰수되곤 했다. 호적제도 또한 없었다.

훗날 일본이 부동산 등기제도와 호적제도를 우리나라에 적용시키면서 두 제도 모두 일본식을 따르게 된다. 단, 가족관계 법률은 조선시대 특징에 맞추어 관습에 따라 법률화하되, 칠거지악 같은 관습법은 제외시켰다.

상속제도도 조선시대 것을 거의 그대로 썼다. 그런데 조선은 세계에서도 보기 드문 상속제도를 가지고 있었다. 고려 때는 물론이고 조선 중기에도 상속권은 여자에게도 주어졌다. 그런데 노론이 실권을 잡아 조정이 명분론에 빠지면서 결혼한 여자는 출가외인이라며 친정과 벽을 쌓게 하고, 아들이 여럿 있어도 장남 상속을 우선시했다.

지금은 호주제가 없어졌지만, 장남 우선 상속제 때문에 아버지, 어머니가 돌아가시면 장남이 재산을 모두 갖고 차남이나 여자 형제와 부인은 아무런 상속도 받지 못하는 일이 빈번하게 일어났다. 차남의 경우 따로 정해진 몫은 없고 대신 재산분배청구권만 가지고 있었다. 형제간에 해결 못한 상속문제가 법정으로 넘어오면서 집안 내의 법적 분쟁은 날로 늘어났다. 장남 우선 상속제는 해방 후까지 그대로 남아 있다가 1960년대에 이르러서야 바뀌었다.

사실 법과 제도는 일방적인 과오나 특혜가 있다고 보기는 어렵다. 동전의 양면처럼 장점과 폐해가 함께 생겨나고 혜택 받는 이와 손해 보는 이가 똑같이 나오는 법이다. 가령 장남 우선 상속제만 하더라도 사회악이라는 폐해만 있는 것은 아니었다. 농촌의 장남들이 상속권을 갖자 차남들은 모두 도시로 나가 우리나라의 산업화에 기여하기도 했다.

이처럼 사회현상에는 언제나 옳은 답이란 있을 수 없다. 서로 다른 대안을 두고 어느 쪽이 현실에 보다 적합한지 가늠해야 할 문제이지, 옳고 그름으로 단순화하기는 쉽지 않은 까닭이다.

Legal Mind

2장

사법개혁을 생각하다

Legal Mind

사회 전반에 강도 높은 개혁이 요구되는 가운데 사법개혁을 요구하는 목소리 또한 나날이 높아지고 있다. 법조계 안에서는 자성의 소리가 나오고, 법조계 밖에서의 비판도 거세다. 사법개혁, 무엇부터 어떻게 고쳐야 할까.

전관예우라는 민감한 문제

　법관이나 검찰 고위직에 근무하다 물러난 법조인이 로펌에서 일하는 문제부터 이야기해보자. 이른바 전관예우前官禮遇를 사회적으로 인정할 것인가에 관한 얘기다. 전관예우란 전직 판사 또는 검사가 변호사로 개업하여 처음 맡은 소송에 대해 법원이 유리한 판결을 내리는 일종의 특혜 현상이다.

　이를 막기 위해 1998년에 개정된 변호사법은 판·검사로 재직하던 전관변호사의 경우 개업 후 2년간은 퇴임 전에 소속되었던 법원이나 검찰청의 형사사건을 수임할 수 없도록 하고 있다.

　전관예우는 형사 문제에 관한 한 사실상 전직 부장검사 이상의 고위직에 한해 해당된다. 법적으로는 변호가 가능하든지 아니든지 두 가지 경우밖에 있을 수 없음에도 일반 변호사로서는 해결할 수 없는 사건이 이들 고위직 출신의 변호사 손에 들어가면 결과가 달라진다는 것이 문제의 핵심이다.

한번은 전관예우를 받던 검찰총장 출신의 변호사가 사건을 수임하자 검사가 알아서 조사를 끝내는 것은 물론, 부장검사까지 나와 변호사에게 절을 하더라는 이야기를 들었다.

"그래서 내가 검찰총장까지 지낸 보람을 느꼈지!"

그가 검찰청을 나가면서 한 말이다.

사회정의 실현에 큰 걸림돌이 되고 있는 이 문제를 어떻게 고쳐나갈 것인가. 국회에서는 개업기간을 엄격하게 적용하자는 데 의견을 모으고 있다. 이를 위해 국회 사법제도개혁특별위원회는 2010년 4월 6일 국회에서 '변호사 관계법에 관한 공청회'를 열고, 전관예우 관행의 근절 방안 등에 대한 외부 전문가들의 의견을 듣고 토론을 벌인 바 있다.

이 공청회에서 대표 발의된 개정안에 따르면 법관이나 검사로 재직한 변호사는 퇴직 1년 전부터 퇴직 시까지 근무한 법원이나 검찰청이 관할하는 사건을 퇴직 후 1년간 수임할 수 없고, 변호사 비용은 법무장관이 고시하는 수임료 기준을 초과하여 받을 수 없도록 하고 있다. 단, 변호사의 수임 제한에 대해서는 위헌 시비가 있을 수 있으므로 신중한 접근을 요구해야 한다는 목소리도 나왔다.

필자의 생각은 이렇다. 소위 전관예우를 받을 만한 이들은 공직에 있는 동안 숱한 경험과 연륜을 쌓았다. 그들의 지혜와 경험은 국민 모두의 공동재산으로 사회에 환원하는 것이 옳다. 따라서 특정한 로펌에 들어가 특정 회사의 상행위를 하기보다는 자신을 필요로 하는 대중과 사회에 지식과 경험을 전할 수 있도록 해야 한다.

그러기 위해서는 단독개업을 하는 대신 사무실을 열되, 대한변호사협회에서 이들의 도움이 필요한 사람들의 신청을 받아 사건을 배당했으면 한다.

일본은 형사사건인 경우 순차적으로 변호사를 배정하는 것은 물론, 엔화로 20만 엔, 우리 돈으로 200만 원을 좀 넘게 받도록 하고 있다. 일본이 우리에 비해 법조인의 의식이 열려 있다고 볼 수 있는 사례다. 만약 이를 우리 현실에 맞게 적용한다면 300~500만 원 수준이면 적당하리라 본다.

미국에서 대법관은 종신제를 따르고 있다. 대법관으로서의 임기가 정해져 있지 않고 나이가 들어 은퇴하더라도 현직에 있을 때와 동일한 월급을 받는다. 그 대신 변호사로서는 일체 활동

할 수 없다. 미국도 한때는 전직 대법관에게 변호사 개업을 허락했으나 제도적으로 막은 것으로 안다.

필자는 같은 제도의 도입을 법원행정처에 제안한 바 있다. 그러나 다른 부처의 퇴직자들과 형평이 맞지 않는다고 하여 입법화하는 데 실패했다고 들었다.

현재 대법관은 장관급의 월급을 받는다. 퇴직 후엔 연금을 받긴 하지만, 현실적으로 상당히 부족한 금액이다. 게다가 은퇴 후 갈 수 있는 자리도 아주 제한되어 있다. 반면 장관인 경우에는 자리에서 물러나더라도 대기업 사외이사나 이사회, 고문 등 갈 곳이 굉장히 많다고 한다.

그렇다고 대법관의 자리에서 물러나 개업을 하거나 로펌에 들어가도록 허용하면 사회와 재판에 끼치는 영향력이 지나치게 커질 수 있다. 이에 법원행정처는 대법관에게 종신대법관의 자격을 주는 제도의 입법화를 다시 한 번 검토할 필요가 있다. 혹은 앞서 밝힌 대로 대한변호사협회에서 사건을 배당하는 대안도 진지하게 고려해보았으면 한다.

퇴직 법관의 경험과 지식을 사회공익을 위해 쓰도록 하는 제도적 뒷받침이야말로 전관예우라는 사회 부작용을 최소화할 수 있는 최선의 방법이라고 본다.

변호사의 눈으로 바라본 검찰 스폰서 사건

술 접대는 누가 뭐라 하든 공무원의 도덕성에 위배된다. 비록 사회에 큰 해를 끼치는 것은 아니기에 공소시효는 생각보다 짧지만, 그럼에도 술이나 성 접대 모두 뇌물사건으로 처리된다.

1971년, 아직 민주화와 거리가 있던 시절에 서울형사지법 L 부장판사와 C 판사가 뇌물수수죄로 기소돼 법조계가 발칵 뒤집히는 사건이 있었다. 사건의 개요는 이랬다.

박정희 정권 시절 두 판사가 국가보안법과 반공법 사건에 잇달아 무죄를 선고하면서 정권에 대항하는 분위기가 생겨났다. 그러자 검찰에서 두 판사가 제주도 출장을 가면서 담당 변호사로부터 일체의 비용을 제공받은 혐의로 두 사람을 기소해버렸다. 당시에는 그것이 관행이었으나 이 점은 무시됐다. 검찰의 영장은 결국 기각되었지만 이를 계기로 37명의 판사가 사표를 제출했다. 일은 더욱 커져 전국에서 153명의 판사가 사표를 내고 검찰과 정권에 항의하는 사태가 벌어졌다.

결국 박정희 대통령은 신직수 당시 법무부장관에게 사태 수습을 지시했고, 신 장관이 민복기 당시 대법원장에게 수사 백지화를 제시하면서 사법권 독립을 보장받기로 했다. 이후 사표를 낸 판사들이 이를 철회하고 인사이동과 사건 종료로 사태는 수습됐다. 이른바 제1차 사법파동이다.

내 기억으로는 당시 접대를 받았니 안 받았니 했지만 술집 영수증까지 나오는 바람에 접대를 받은 인사들이 사퇴하고, 결국 사건이 엉뚱한 방향으로 흘러 민주화와 사법개혁으로 이어지는 단초를 제공한 것으로 안다.

기소독점주의가 문제의 핵심이다

이 문제를 개인적으로 바라보면 잘잘못을 이야기하기란 그리 어렵지 않다. 법을 어긴 법조인은 처벌하고, 바른 법조인은 칭

찬해주면 그만이다. 하지만 술 접대와 성 접대가 하나의 관행이 되어 우리 사회에 만연해 있다면 좀 더 깊이 생각해볼 필요가 있다.

문제의 핵심을 보자. 왜 검사를 상대로 접대문화가 끊이지 않는가. 그것은 우리나라 형사소송법 처리과정에서 검사의 역할 비중이 너무 큰 탓이다.

범죄수사를 보조하는 자격을 가진 직종에는 경찰관 외에도 여러 가지가 있다. 예컨대 산림감시관, 식약청조사관, 세관조사관, 노동부근로감독관 등이 그것이다.

여기에 검찰에 속하는 기능적인 사무관까지 포함하여 대한민국에서 수사와 관련된 모든 지휘권은 검사가 가진다. 이른바 검사의 기소독점주의다.

제도가 이렇다 보니 검사의 권한은 막강할 수밖에 없다. 법원에 사건을 기소함에 있어 즉결사건만 경찰서장이 맡을 뿐, 나머지 모든 사건의 공소는 검사만이 제기할 수 있다.

이에 죄를 지은 사람이나 그럴 여지가 있는 사람은 검사에게 잘 보이려 하고 그들을 학연, 지연으로 엮어 사건 처리에 도움을 받으려 한다.

특히 우리나라처럼 학연, 지연이 사회 전반에 깊이 관계하는 사회일수록 법의 정의는 멀어지고 개인적 친분의 힘은 더 크게 작용한다. 현재 사회 일각에서 주장하는 기소독점주의 폐지론이 지지를 받고 있는 이유다.

이에 검사 측은 기소독점주의를 폐지하는 것은 아직 이르다고 반발하고 있다. 인권을 보호한답시고 기소독점주의를 폐지하게 되면 오히려 법에 대해 무지하고 힘없는 이들의 인권이 침해받을 우려가 있다는 주장이다. 법에 관한 한 전문가인 검사가 법의 정의 아래 양심껏 기소와 불기소를 결정하는 것이 아직까지 낫다고 보는 것이다.

필자는 기소독점주의가 계속해서 시행되는 한, 검사를 상대로 한 접대 관행은 필연적이라고 본다. 하지만 이와 관련하여 법을 고치는 일은 신중하게 접근할 필요가 있다. 국민의 인권과 관련한 중대한 문제이므로 범국민적인 합의가 선행되어야 하기 때문이다.

개인적인 생각으로는 로스쿨 도입으로 인해 앞으로 법조인의 숫자가 늘어나는 것을 감안할 때, 기소독점주의를 풀고 경찰 등에 법조 전문 인력을 배치했으면 하는 바람이다. 그렇게 되면 기소독점주의 폐지로 인한 인권침해 우려를 다소 완화시킬 수 있을 것이다.

국민적 합의가 필요한 기소배심제도의 도입

검찰이 2010년 중반 자체적으로 내놓은 개혁안을 보면 기소배심제도를 운영한다는 안이 포함되어 있어 관심을 끈다. 기소배심제도는 미국의 대배심Grand Jury 제도의 장점을 우리 사법체계에 맞도록 수용한 것이다. 검찰 외부의 중립적인 인사들로 구성된 배심원단이 뇌물, 정치자금, 부정부패 등의 주요 사건에서 기소 여부를 심의·평결하게 하는 제도다.

미국의 경우 시민들이 참여하는 대배심이 사형이나 징역형이 부과될 수 있는 범죄에 대한 검사의 기소 의견을 심리해, 기소 여부를 평결하고 소환장을 발부하거나 수사권까지 갖도록 하고 있다.

우리나라와 마찬가지로 불기소 처분을 검사의 재량에 맡기는 일본에서도 검찰심사회라는 견제장치를 두고 있다. 일반 시민으로 구성된 시민위원 11명이 검찰의 불기소 처분에 대해 '기소 타당'이나 '불기소 부당'을 결정할 경우 재수사를 통해 반드시 기소하도록 하는 제도다.

우리나라도 같은 방식을 도입할지 여부는 국민이 결정하여야 한다. 검찰의 민주화는 반드시 필요하지만, 국민적 합의가 따라야 하는 것은 그만큼 중요한 문제인 까닭이다. 게다가 기소배심제도 도입에 따른 부작용도 없지 않다.

가령 기소배심제도는 검사의 기소권 남용을 방지한다는 장점이 있지만, 기소 여부에 대한 결정이 늦어지고 배심원들의 전문성 부족으로 인한 부작용도 발생할 수 있다. 또한 재판이 지연됨으로 인해 발생하는 비용을 국가가 모두 부담해야 하는 걸림돌도 있다.

최근 언론보도를 보면, 검찰에서 더 이상 오명을 쓰지 않기 위해 시민위원회를 구성하여 검찰의 주요 결정에 일반 시민의 건전한 상식과 다양한 소수의 목소리를 반영하겠노라 기염을 토하고 있다고 한다. 아직은 법적 구속력이 없지만 장차 기소배심제도로 발전하는 토양이 될 것이다.

어떤 방법이 됐든 지금과 같은 기소독점제도는 풀거나 개선할 필요가 있다. 그러지 않는다면 소위 검찰공화국이라는 오명은 영원히 사라지지 않을지도 모른다.

진보와 보수의 갈등

노무현 정부 시절 우리법 연구회*와 관련된 논란은 여러 가지 교훈을 생각하게 한다. 사실 우리법 연구회 같은 모임은 우리 사회에 당연히 필요하다고 본다. 일본의 경우 연구회나 모임이 다양해 사건이나 문제가 발생할 때마다 전문가들의 폭넓은 의견과 제안이 속출한다.

그럼에도 법조계 내의 사적인 연구회가 문제가 된 것은 노무현 정부 시절 서열을 무시해가며 연구회 출신 인사를 중용한 것

■ 우리법 연구회 | 1988년 6·29 선언 후 제5공화국의 사법부 수뇌부가 유임되면서 발생한 2차 사법파동으로 창립된 대한민국 진보 성향 판사들의 모임. 회원인 박시환 대법관, 강금실 전 법무부 장관, 김종훈 전 대법원장 비서실장 등이 노무현 정부 시절 요직에 발탁되었다.

이 발단이었다. 게다가 파격적으로 법무장관까지 임명한 것은 쉽사리 이해할 수 없다. 역시 논란이 됐던 P 대법관은 진보 측이라는 비판까지 받았다. 그런데 과연 진보이니 보수이니 하는 개념이 우리 의식 속에 제대로 자리 잡고 있는 것일까.

미국도 한때는 법조계가 보수파와 진보파로 나뉘어, 재판에 적잖은 영향을 미쳤다. 미국은 헌법조문이 열 몇 개에 지나지 않는다. 모든 미국 국민은 적법한 절차에 따라 재판을 받는다고 규정되어 있고, 실제로 법 앞에 평등하다. 적법절차가 적용되기 때문이다. 문제는 '적법'에 대한 해석이 시대에 따라 달라진다는 점이다.

예컨대 군대 내에서 흑인과 백인을 인종이나 피부색으로 나누어 부대를 구분 짓는 문제는 어떨까. 미국에서는 적법절차에 따랐다면 아무 문제가 없다고 보았다. 당시에 그들은 '백인과 흑인을 분리해도 좋다. 단 봉급은 똑같이 줘라. 그러면 적법절차에 어긋나지 않는다'고 판단했다.

고속도로에 백인 전용 식당을 개업하는 문제도 마찬가지였다. 흑인 전용 식당이 없다면 적법절차에 어긋나지만, 똑같이 전용식당을 두고 흑백을 분리하는 것은 법적인 문제가 없다고 보았다. 그것이 미국인들이 생각하는 적법절차의 개념이었다.

그리고 바로 여기에서 진보와 보수의 차이가 생겨났다. 진보

측 법조인은 흑백을 분리해서는 안 된다는 입장이었던 반면, 적법절차에 따라 분리해도 상관없다고 보는 쪽은 보수적 법조인의 시각이었다. 존 F. 케네디 대통령 이후 인종 차별은 사실상 금지됐지만 미국 사회 곳곳에는 여전히 같은 생각이 뿌리 내리고 있다.

현재 미국은 흑인과 백인의 인구비율에 따라 흑백시설을 동등하게 마련하도록 되어 있다. 흑백 문제뿐 아니라 여성 남성, 화장실 문제, 육사 입학 문제도 마찬가지다. 차이는 인정하되 동등한 비율, 동등한 대우가 기본이라는 것이 그들의 원칙이다.

다시 우리나라의 진보·보수 개념을 생각해보자. 다른 선진국과 비교해보면 우리나라의 진보와 보수는 그 개념에서부터 상당한 차이가 있다. 한국에선 보수와 진보의 구분이 북한을 어떻게 보고 미국을 어떻게 대하느냐에 달려 있는 것 같다. 이것이 과연 옳은 접근법일까.

필자는 개인적으로 김일성을 나쁘게 평가한다. 법조인으로서의 생각을 말하자면 김일성과 북한이 정당성을 가지려면 최소한 그가 죽기 전에 6.25 전쟁으로 많은 사람들이 목숨을 잃은 사실에 대해 유감을 표시했어야 옳다.

북한이 잘못을 인정하지 않은 채 남북이 대화를 시작했기에 우리는 지난 일에 대해 잘잘못을 밝혀내기가 어려운 상황에 처해 있다. 그러나 남북 관계 개선을 위해서는 6.25 전범을 어떻게 정리할 것인가를 남북 간에 먼저 합의해야만 경제지원도, 대화도 가능하다고 본다.

중국 문제도 마찬가지다. 6.25 전쟁 당시 중공군은 300만 명이나 참전했고, 휴전회담 중에도 60만 명 이상이 전투에 가담했다. 이 점에 대해서는 중국 정부의 분명한 사과가 필요하다.

그러나 노태우 대통령 시절, 두 나라가 중국 측의 사과 없이 대화를 진행하자 필자는 칼럼을 통해 문제를 제기했다. 그렇다면 나는 보수일까. 솔직히 북한과 중국을 비판하면 보수, 그렇지 않으면 진보라는 발상은 참 촌스럽다.

진보와 보수의 정의부터 내리고 이를 명확히 하는 것, 그것이 사회개혁의 시작이다. 우리 법조계 역시 개혁을 주장하기에 앞서 진보와 보수의 개념부터 새로이 정의해야 한다. 서로를 틀렸다고 비판하기보다 입장이 다르다고 보고 접근하는 것, 그것이 법조개혁의 첫걸음이 아닐까.

차별과 역차별의 교훈

영어사전에 새로 등장한 말이 있다. '버싱busing 제도'가 그것이다. 우리말로는 '강제통학제도'로 표현할 수 있다. 버싱은 미국의 인종차별 철폐정책의 하나로, 학교 내 인종적 구성의 균형을 도모하기 위해 주로 대도시 내 소수민족 거주지 학구와 교외의 백인 거주지 학구 사이에서 통학버스를 운행, 학생을 상대 학구로 통학시키는 제도이다.

예를 들어 어떤 학구에 백인 학생들이 늘어나 이들을 위한 학교가 생겼다 해도 흑인 학생을 데려와 함께 공부하도록 해야 한다. 이는 애초에 사회 및 인종 통합을 노린 제도였지만, 역차별reverse discrimination이라는 반발을 불러와 말썽을 빚은 바 있다.

하지만 같은 법 정신을 반영한 사례는 그 밖에도 많이 찾아볼 수 있다.

캘리포니아 주의 인구는 약 3,700만 명으로, 그 비율이 백인, 흑인, 황색인 순으로 구성되어 있다. 국가라고 친다면 인구·경제·사회적 가치를 셈할 경우 세계 8위쯤 되는 규모이다. 캘리포니아 주 정부는 관급공사를 배당함에 있어 열 건의 공사 가운데 5건은 백인, 흑인은 3건, 한국인에게는 그 이하를 배당한다.

이런 정책에 대해서도 사실상 역차별이라는 반응이 적지 않다. 특히 한국 건설업체의 경우 기술이나 실력은 수준급임에도 해당 제도 때문에 혜택이 아닌 불공정한 대우를 받고 있다는 주장이 나오고 있다. 원래 부당하게 차별을 당하는 쪽의 불이익을 막는다는 명분에 힘이 너무 실리면서 오히려 반대편이 차별을 받게 되는 결과를 가져오게 된 것이다.

그러나 한국 사회에 있어서는 바로 이 적법절차와 버싱 제도의 정신이 필요하다는 것이 필자의 생각이다. 차별과 역차별이라는 문제를 떠나 인종 간, 제도 간, 지역 간의 다양한 갈등을 좀 더 합리적으로 풀어내기 위해서다.

가장 큰 문제가 되고 있는 지역갈등을 예로 들어보자. 여기저기서 지역감정을 들추고 그로 인해 정부의 정책이나 인사 문제까지 시끄러운 것은 어제오늘 일이 아니다.

이처럼 해묵은 지역감정을 해결하기 위해서는 인구 비례제로 지역별 균등 인사를 실시하고 정부 관급공사를 배당하는 것도 하나의 해법이 될 수 있다. 물론 지자체 공사는 지역주민에게 우선적으로 할당해야 한다. 나아가 공무원이나 판사까지도 인구 비례제로 선발했으면 하는 바람도 있다.

한편에서는 다른 목소리도 나오고 있다. 지역 간 세금납부 비율을 기준으로 삼아야 한다는 주장이다. 결정은 국회의 몫이다. 인구수를 따르든, 세금이 기준이 되든 다른 한쪽이 다시 차별을 받는 부작용이 나올지도 모른다. 그럼에도 지금의 갈등을 푸는 좀 더 나은 방법이라는 생각이 든다.

차별을 뒤집어 평등권 이야기를 해보자. 사람 수에 따라 평등이냐 아니냐를 따지는 것이 절대적 평등권이라면, 소득 등을 기준 삼아 권리나 책임을 부여하는 것은 상대적 평등권이다. 과연 어느 쪽이 더 합리적일까.

보통은 나라가 발전할수록 상대적 평등권을 지향한다. 예컨대 필자는 한 해 건강보험료를 50만 원 이상 낸다. 그런데 건강보험을 이용하는 경우는 한 해 네 번 정도다. 그래서 병원에 들를 때마다 한 달에 몇 천 원 내는 환자와 내가 똑같이 기다리고 똑같이 대접받는 것이 불공평하다고 느낀다. 내 입장에서는 비용을 더 많이 부담하는 사람에게 기회를 더 주었으면 하는 생각이 들 수밖에 없다. 이것이 상대적 평등권이다. 우리나라 건강보험은 세계적으로도 성공한 제도로 알려져 있지만, 이런 불합리함으로 인해 성패의 갈림길에 선 것이 사실이다.

반대로 절대적 평등권을 주장하는 이들은 부자가 돈을 많이 번 것은 사회가 기회를 준 덕분이므로 사회를 위해 헌신하고 공헌하는 것이 옳다고 보는 입장이다. 판단은 국민의 법 감정에 달린 문제이나, 무엇보다 서로를 배려하고 인정해주는 인식의 전환이 필요하다.

무죄추정의 원칙

우리 법조 현실에서 가장 들쭉날쭉하고 이변이 많은 것이 바로 인신구속이다. 국민은 누구는 구속이고 누구는 불구속인가를 따져 법의 불공정을 지적한다. 아니 법집행의 불공정이라는 말 하는 것이 정확하겠다.

국민의 인권이 보호받기 위해서는 영장 발부가 이례적이라야 한다. 불구속재판 원칙이 존중되어야 한다는 뜻이다. 법원에서 실형을 받더라도 대법원의 최종결정이 내려지기 전까지는 무죄로 추정하고, 1심 실형이라도 구치소에 바로 가지 않도록 보석금 제도를 확대 실시해야 한다.

이러한 보장과 제도는 소득이 높은 사회일수록 확대되고 있다. 물론 사회가 짊어져야 할 위험부담도 그만큼 늘어난다. 특히 흉악한 살인범 또는 성범죄자에게도 이를 적용할 것인가 하는 문제가 제기된다. 미국은 1심에서 흉악범에게 실형을 선고하는 경우 도저히 지불할 수 없을 정도의 어마어마한 금액을 보석금으로 책정한다.

그렇게 되면 유전무죄 논란이 생길 수 있지 않을까 하는 우려의 목소리도 있지만 재판자료의 제출이나 항소 등의 노력 또한 정당한 법적 절차임을 상기할 필요가 있다. 돈이나 법적인 지식이 없는 사람에게는 부담이 될 수도 있겠지만 제도적인 뒷받침으로 이를 보완할 수 있으리라 본다.

다만 앞에서도 언급한 전관예우 문제, 즉 고위법관 출신을 통해 부당하게 재판을 진행하는 일은 없어야 할 것이다.

2009년에 나온 한 언론보도를 보면 우리 사회의 개혁이 중단 없이 계속되어야 함을 말해주고 있다.

> 삼성경제연구소에 따르면 한국의 사회적 갈등지수는 경제협력개발기구 OECD 27개 회원국 중 네 번째로 높았다고 한다. 반면 선진국에서는 경제적인 자료와 통계를 근거로 정책을 수립하는 '증거중심주의'와 국민의 공감대를 이끌어내는 체계

적인 계획으로 불필요한 사회적 갈등을 최소화하고 있다.

―2009년 6월 29일자 〈동아일보〉

한편 스위스 국제경영개발IMD의 2010년 국가경쟁력 비교 보고서를 보면 한국의 국내총생산GDP 대비 국가 연구개발R&D 투자 비율과 기업 연구개발 투자 비율은 각각 세계 5위로 '우등생'이라 할 만하다는 보도가 나왔다. 2007년 기준 국내총생산 대비 연구개발 투자비율은 한국이 3.5%로 중국(1.5%)의 2배를 넘었다.

이 두 가지 보고서에 근거해보건대, 우리 국민은 한국 사회에 대해 상대적으로 많은 불만을 느끼고 있지만, 객관적으로는 과거에 비해 빠르게 선진화되고 있음을 알 수 있다. 애정과 신뢰를 가지고 나라와 제도의 발전을 위해 노력하는 국민들이 늘어날 때 법조계도 그만큼 개선될 것이라고 믿는다.

법관 인사 문제의 개혁

　　법조 일원화 시행을 두고 여러 말들이 오가고 있다. 흔히 지금의 우리나라 법조계를 가리켜 '법조삼륜'이라고 부른다. 현직 판사, 변호사, 법과대학 교수, 이 셋을 가리키는 말이다.

　　법조 일원화 체제에서는 변호사 시험에 합격한 후 변호사로 활동하다가도 두각을 나타내면 대학교수로 초빙 받아 상당한 대우를 받을 수 있다. 물론 언제든 변호사로 복귀할 수도 있고, 법관이 되는 길까지 열려 있다. 이것이 이른바 법조 일원화다.

　　법조 일원화가 잘 된 나라로는 미국을 꼽을 수 있다. 서유럽도 부분적으로 법조 일원화를 수용하고 있다.

　　한편 우리나라 법학대학 교수들은 사법시험에 응시하거나 합격하지 않은 경우가 많다 보니 사실상 법조인의 대열에서 늘 소외된다. 좀 더 정확히 말하자면 사법고시 출신이 아니라는 점이 문제가 되고 있다. 법을 다루면서 법의 현장은 모른다는 약점 때문이다.

지금은 달라졌다. 로스쿨 교수의 경우 사법시험 출신이 늘어나 70% 정도를 차지한다고 들었다. 이런 추세라면 법조 일원화가 정착될 날이 머지않아 보인다.

물론 법조 일원화가 무조건 좋다고는 할 수 없다. 그러나 그로 인한 문제는 서로 교류하고 인적자원을 나누다 보면 서로의 입장이 다른 것을 앎으로써 보완하고 고쳐나갈 수 있을 것이다. 법조삼륜이 비판받는 것도 결국 자리에 안주하며 자기주장과 자기 그룹만 옳다고 주장하며 밥그릇만 챙긴다는 인식 때문이 아닐까.

대법관 증원 문제

대법원에서 최종 심의하는 판결은 두 종류다. 정책 결정적 판결과 국민의 권리 구제가 그것이다.

미국의 대법원은 대체로 정책결정적 판단만 맡고, 일반 국민의 권리구제는 연방고등법원(항소법원)의 역할이다. 하지만 이 역시 연방사건에 한하고, 나머지는 각 주州가 갖고 있는 최고법에 따라 연방지방법원이 재판을 맡는다. 물론 연방지방법원의 판결에 불복할 경우에는 연방고등법원에 항소할 수 있다.

우리나라는 대법원에서 정책적인 결정을 하는 경우가 거의 없다. 정책결정적 판단이란 복잡한 현상은 규정하지 않고 있는 우리 법령을 해석하는 과정이다.

가령 우리 법에는 야간주거침입죄라는 명목은 있지만 언제부터 야간이라고 하는지는 명시되어 있지 않다. 알다시피 겨울은 밤이 길고 여름에는 오후 8시에 해가 떠 있을 때도 있다. 형량은 야간이냐 주간이냐에 따라 달라지는데 야간에 대한 정의가 없으니 법원에서는 판례에 따라 판결을 하게 된다. 이것이 일종의 정책결정적 판결이다.

한편 국민의 권리구제라는 측면에서는, 형사사건의 경우 보통 검사가 법률을 잘못 적용했거나 증거를 잘못 채택했을 경우, 그리고 민사재판에서는 증거를 재판에 잘못 인용한 경우 대법원에 올라간다.

그런데 우리나라 사람들의 경우 뭐든지 끝장을 보려는 성향이 강하다. 재판에서도 마찬가지다. 1 · 2심에서 패소해도 포기할 줄 모르다 보니 웬만한 사건은 대법원까지 올라간다. 그 결과

2009년 한 해 상고사건은 3만 2천 건을 넘어섰다. 14명에 불과한 대법관으로 감당하기 힘든 수준에 이르고 만 것이다. 이에 대법원에서는 재판연구관의 심사를 통해 상고사건의 70~80%를 기각시키고 있지만, 여전히 사건이 폭주하고 있어 재판기록을 일일이 들여다보기도 힘든 실정이다.

이 때문에 국회에선 대법관을 늘리자고 야단이다. 대한변호사협회도 대법관을 50명 정도로 늘리는 절충안을 내놓았다. 그뿐 아니라 전국 법원의 판결을 인터넷에 올려 국민의 감시를 받도록 하고, 안 되면 끝장토론이라도 해보자는 입장이다.

필자의 생각도 다르지 않다. 대법원에 올라오는 상고사건을 거르는 심사기구를 두기보다는 모든 사건을 대법원에 올리되, 기록을 공개하고 대법관을 증원하는 쪽에 찬성하고 있다.

여전히 남은 과제들

사면제도의 개선

대통령의 사면행위는 정치행위로 보는 것이 맞다. 사면에서 제외된 사람이 이의를 제기할 수 없다는 것이 그 증거다. 하지만 사면이 과연 필요한 행위인가 하는 문제부터 한 번쯤 생각해봐야 한다.

법률가의 입장에서 보면 사면은 법치주의를 위반하는 제도이다. 사면이 정치행위라는 이유로 없애야 한다고 주장하는 이들이 있는가 하면, 국가 통치에 필요하다는 견해도 있다. 실제로 모든 국가는 사면제도를 두고 있다.

그렇다면 사면제도에 관해 좀 더 다양한 의견을 듣고 개선안을 마련해가는 노력이 필요하지 않을까. 흔한 예로, 대기업 회장 같은 이들이 사면되고 서민 범죄자는 제외되는 식의 사면제도라면 비판을 면하기 어려울 것이다.

사면제도에 있어 무엇보다 중요한 것은 형평성이다. 그렇다면 이를 뒷받침해줄 제도적 장치에는 무엇이 있을까.

예컨대 사면심사위원들의 구성을 지금보다 더 다양화하고 공개하는 것도 한 가지 방법이다. 같은 범죄를 저질러 형을 사는데도 누구는 사면이 되고 누구는 안 되는 일이 없도록 형평을 맞춰주기 위함이다.

또 사면에서 제외된 이들이 다시금 어필할 수 있는 기회를 준다면 사면제도 역시 좀 더 민주화될 수 있으리라 본다.

법률도 서비스다

사법 서비스의 개선안도 사법개혁의 중요한 사안이다. 김평우 대한변호사협회장이 계속해서 주장하고 있는 개선안은 대국민 서비스 수준의 향상, 판결문 등의 기록 및 복사 문제 등이 그 골자다. 당연히 사법부의 폐쇄성 또한 사라져야 한다.

재판이나 송사를 겪어본 이들이 한결같이 느끼는 불만 가운데 하나는 사법부의 고압적이고도 권위적인 태도에 있다. 국민을 고객처럼 대하고 서비스하려는 정신은 좀처럼 찾아볼 수 없다.

일례로 얼마 전 30대인 판사가 나이 드신 원고를 인격적으로 모욕한 일이 알려져 비난을 받기도 했다. 사법개혁을 위해서는 바로 이런 자세부터 달라져야 한다.

판결문의 전면 공개 역시 정보의 평등화라는 면에서 가장 시급한 과제로 꼽힌다. 사법개혁은 정보의 평등화에서부터 시작된다. 이를 위해서는 일반 국민을 위한 사법정보공개 시스템부터 갖추어야만 한다.

미국은 현재 사법정보공개시스템PACER의 데이터베이스를 통해 변호사 단체나 교육기관, 언론사 등에서 마음대로 정보를 보고 얻을 수 있다.

반면 우리나라의 경우에는 변호사들조차 판결내용을 쉽게 확인하기가 어려울 만큼 사법정보에 대한 접근 자체가 아주 불편하다. 법원도서관의 전용컴퓨터를 통해서만 판결문 열람이 가능할 뿐 아니라, 판결의 대부분을 차지하는 1심 판결에 대해서는 공개하지 않고 있다. 사건번호를 모르면 판결 검색도 어렵다.

과거의 판결을 재심하고 피해자들의 억울한 권리를 되찾아주기 위해 과거사정리위원회에서 공개한 자료들도 일반인이 검색해 찾아내기란 쉽지 않다. 피해자 이름을 모르면 사건을 처음부터 다 뒤져야만 하는 탓이다.

법조계 문제를 다루는 언론의 태도도 마찬가지다. 사건 보도에서 판검사와 변호인의 실명이 함께 거론되는 일은 극히 드물다. 누가 변호했고 누가 판결했는지, 그것이 어떤 영향을 미치는지를 전면 공개하게 되면 판사도 검사도 변호사도 좀 더 신중하고 공정하게 판결에 임하지 않을까.

요컨대 판결문 전면 공개만이라도 이루어진다면 국민의 알 권리 충족은 물론이고 법조계의 전관예우 문제도 점차 사라질 것이다.

사법개혁을 원칙적으로 반대하는 이는 없다. 하지만 개혁이 내심 달갑지 않은 당사자도 적지 않으리라 본다. 필자는 그들에게 법조인으로서가 아니라 대한민국의 국민으로서 생각해보라고 이야기하고 싶다. 법조인이 특혜받는 소수라는 선민의식이 있는 한, 사법개혁의 길은 멀고 지난할 수밖에 없다.

물론 사법제도를 바꾸는 일은 정치 문제와는 달라서 세간의 정치인들이 주장하는 것처럼 급진적인 변화를 시도했다가는 돛대 없이 흘러가는 난파선 신세가 될 수 있다. 즉흥적인 접근이 아니라 점진적이되 국민이 수용할 수 있는 수준의 개혁이 이루어가야 한다. 사법부는 이제 국민을 생각해야 한다. 사법도 서비스가 되어야 한다.

정의란 무엇인가

하버드대 샌델 교수의 '정의正義, justice란 무엇인가'라는 강의가 큰 인기를 모으면서 한국에 소개된 그의 책이 베스트셀러에 오른 바 있다. 2010년 8월 방한한 그는 같은 주제로 열린 강연에서 한국 사회에 '정의에 대한 배고픔'이 있다고 진단하며 진정한 정의의 요체를 설명했다.

필자의 생각에도 시의적절한 강연이었다. 우리 사회에서 정의란 과연 무엇일까. 이 점이 명확하게 정의定議되지 않는다면, 정의가 뿌리내리기란 결코 쉽지 않을 것이다.

샌델 교수는 정의에 대한 배고픔의 원인을 다음과 같이 진단했다.

"자본주의 사회에서는 경제논리가 정치논리를 지배하기 때문입니다. 지난 몇 십 년간 미국과 유럽, 한국은 정치에 대해 테크노크라트적(관료주의적)으로 접근해왔습니다. 부富의 증대에만 골몰해 국민소득의 향상 등에만 매달린 것입니다. 경제가 정치를 밀어낸 것이죠. 이에 따라 근본적인 도덕적·정신적 논의에 소홀했습니다. 정치가 공공선이라는 가장 중요한 문제를 외면하면서 대중은 정치로부터 소외감을 느끼고 있습니다. 버락 오바마 대통령이 지난 미국 대선에서 승리한 것은 시민의 이런 갈증을 간파하고 활용했기 때문입니다."

그는 아울러 정의나 공공선, 도덕적 논의를 활성화하기 위해서는 정당, 언론, 교육의 역할이 중요하다고 말했다. 그런 면에서 보자면 우리는 아직 논의의 장도 열지 못한 셈이다. 정의가 실현될 수 있는 사회 분위기가 조성되는 것, 그것이 곧 사법개혁의 시작이 아닐까.

Legal Mind

3장
변호사 시선으로
민감한 문제들을 보다

Legal Mind

법조계는 다른 분야보다 유난히 보수적이라고 비판받는다. 그러나 법조계가 가진 보수성이 반드시 나쁘다고 말하기는 어렵다. 법이라는 것은 시류에 따라 경박스럽게 들쑥날쑥 고쳐질 수 있는 것이 아니다. 한번 고친 법으로 인해 많은 국민들의 삶이 달라질 수도 있다는 점을 감안하면 그만큼 신중을 기해야 하는 것은 당연한 일이다. 하지만 반드시 고쳐야 할 부분도 적지 않다. 우리 법의 개정을 둘러싸고 날카로운 의견대립이 있는 문제에 대한 입장을 정리해본다.

성범죄와 간통죄에 대하여

성범죄와 간통죄에 관한 한 필자의 생각은 다소 진보적이다. 남성과 여성이 다같이 책임져야 할 부분이라고 생각하기 때문이다. 그래서 판사 시절에도 이 두 가지 사건에 대해서는 관대한 판결을 내리곤 했다.

미국의 경우, 여성이 모르는 남성의 차에 탔다면 이미 그 남성과의 성관계에 대해 암묵적으로 동의한 것이라고 생각한다.

아일랜드도 마찬가지다. 5, 6년 전 14세 소녀가 나이 든 남자의 차를 히치하이킹 해서 가는 길에 성폭행을 당해 임신한 사건이 있었다.

당시 아일랜드 법원은 남자에게 무죄판결을 내렸다. 14세라

하더라도 사리분별을 할 수 있는 나이라고 본 것이다. 여성단체들은 일제히 항의에 나섰다. 그러나 법원은 모르는 남자의 차에 동승한 것은 성관계에 대해 어느 정도 동의한 것이라는 입장을 분명히 했다.

미국은 약국뿐 아니라 상점에서도 콘돔을 판매한다. 미국에서 가장 보수적인 지역으로 꼽히는 매사추세츠 주에서는 미성년자에 한해 콘돔을 사도 좋다는 부모의 동의서를 받아 오도록 되어 있었다.

그런데 그곳 부모들이 해당 법률에 반기를 들고 나섰다. 성관계는 자연스러운 행위인데, 왜 동의를 받아야 하냐며 사생활 침해로 소송을 건 것이다. 결국 미성년자도 알아서 콘돔을 살 수 있도록 법률이 바뀌었다.

이 두 가지 사례는 성이나 성범죄에 대한 책임 공방에 있어 우리와는 아주 다른 관점을 보여주고 있다.

간통죄에 대한 인식도 달라져야 한다고 본다. 2009년 11월 혼인빙자간음죄가 위헌 결정이 난 데 이어 간통죄는 현재 위헌이 아니라고 결론이 내려졌다. 그러나 간통죄가 남아 있는 나라는 한국, 대만, 이탈리아 등이고 그 밖의 소위 문명국가에서는 이미 자취를 감춘 지 오래다.

간통죄를 폐지한 나라들은 부부 간의 이부자리 속 이야기를 국가가 관여할 수 없다고 보았다. 법률적으로 말하자면, 성적결정권도 행복추구권도 국가가 관여할 문제가 아니라는 것이다.

사실 섹스를 하지 않는 부부는 얼마든지 있을 수 있다. 부부 중 어느 한쪽이 병에 걸렸거나 고혈압 등으로 인해 섹스를 피해야 하는 경우도 있다. 또 남편이 바람을 피웠어도 아내가 이혼을 원하지 않는 경우, 바람은 피웠지만 부부관계를 깨뜨리고 싶지 않는 사람도 있다.

게다가 간통죄의 피해자는 부부 당사자에 국한된다. 사회적으로는 피해가 없는 사건을 형법으로 처벌하는 것은 과잉해석이 될 소지가 있다.

그래서 우리나라의 경우에도 민사상 이혼소송을 먼저 제기해야만 간통죄 고소가 가능하도록 되어 있다. 물론 간통죄를 없앤 나라에서도 간통, 즉 배우자의 불륜을 이유로 이혼소송을 제기할 수 있다. 하지만 간통죄에 대한 처벌은 없으며, 대체로 합의이혼으로 분쟁을 마무리한다.

필자가 서울 형사지법 판사로 재직할 당시 3주에 한 차례씩 영장 당번이 돌아왔다.

그러나 간통죄로 영장을 발부하는 일은 거의 없었다. 그 소문을 듣고 경찰서에 근무하는 지인을 통해 내 앞으로만 영장을 올리는 일까지 있었다.

    필자 역시 부부 사이에 지켜야 할 정숙의 의무를 가볍게 보지는 않는다. 가령 딴살림을 차리는 행위는 전혀 다른 문제이다. 실제로 아내를 버리고 6개월 이상 동거하거나 살림을 차리는 경우에는 예외 없이 영장을 발부했다.

매춘에 대하여

매춘이란 돈을 내고 봄 즉, 청춘을 산다는 뜻이다. 법적으로는 배우자가 있는 사람이 배우자 외의 다른 사람과 섹스를 하면 간통이고, 돈을 주고 섹스를 하면 매춘으로 구분한다.

매춘은 인류 역사와 줄곧 함께해왔다. 그렇다면 어째서 매춘이 사라지지 않는 것일까. 사랑에 빠진 남녀가 결혼한 이후 상대방의 몸에 싫증을 느끼는 것과 연관이 있지는 않을까.

실제로 미국인들은 빠르면 결혼 후 1년 6개월, 늦어도 2년이면 배우자에게 싫증을 느낀다고 한다. 게다가 남자는 17세부터 생리적 욕구가 가장 왕성한 청년기에 접어든다.

외국의 경우, 매춘을 영업적인 상행위로 보고 국가가 법을 만

들어 관리하는 사례도 있었다. 서로 사랑하는 사이에는 국가가 관여할 수 없지만 돈을 받고 영업적으로 행해지는 성매매는 국가가 단속할 수 있다고 본 것이다.

그러나 성매매에 대한 국가의 개입은 대단히 신중해야 한다. 실제로 우리나라의 경우 성매매방지법 이후 강간 사건이 눈에 띄게 증가하고 있다. 조두순, 강호순 사건 등에 비추어보면 앞으로 문제는 더 심각해질 수 있다.

성매매방지법에 관련한 흥미로운 사례가 있다. 칼리굴라*가 로마 황제였을 때의 이야기이다.

칼리굴라 황제는 전 국민에게 섹스를 할 수 있는 기회를 제공했다. 주변의 가장 가까운 여자와 1년에 한 번은 반드시 섹스를 하도록 법으로 정한 것이다. 국가가 국민의 성생활을 책임지고 보장해주는 경우는 칼리굴라 황제가 처음이었다.

사회보장이 발달한 국가라 하더라도 섹스 문제는 국가가 해결해주지 못한다. 의료복지 차원에서 성욕을 주체하지 못하는

■ **칼리굴라** | 고대 로마의 제3대 황제(재위 37~41년). 즉위 초에는 민심수습책으로 원로원·군대·민중에게 환영받았으나 점차 자신이 인간세계에 나온 신神이라는 망상에 사로잡혀, 재정을 파탄시켰다. 게다가 잔혹한 독재정치를 강행하고 광포한 행동을 자행하여, 근위병 장교에 의해 암살되었다.

사람들을 도와주어야 한다는 견해도 있을 수 있지만 현실적으로는 각자 해결하는 것이 당연하다.

그런데 유럽의 사회주의 국가에서도 한때 비슷한 정책이 활용된 바 있다. 대학시절, 필자의 법대교수 한 분이 유학 중 직접 목격한 사례다.

커다란 다리를 두고 한쪽에는 남자들이, 또 다른 한쪽에는 여자들이 선다. 그런 다음 다리를 건너는 도중 눈이 맞는 남녀는 섹스를 하고 헤어진다. 경찰관이 하는 일이라고는 한 여자에게 여러 남자가 몰려 싸움이 날 경우, 이들을 말리는 역할이 전부라고 했다.

그들은 섹스를 복지차원의 문제로 보았는지도 모른다. 어쨌든 20세기에 들어서까지 이런 정책이 등장한 것을 보면 성문제는 국가들도 골머리를 앓는 숙제임이 틀림없다.

칼리굴라 시대의 이야기를 좀 더 해보자.

로마시대는 일부일처제를 따랐지만 황제 주위에는 여자들이 들끓기 마련이었다. 그런데 칼리굴라 황제의 부인 역시 외간남자에게 관심이 많았다.

그녀는 몸종을 데리고 로마 시내로 나와 매음굴에 방을 얻었다. 그러고는 몸종이 물색해온 남자와 밤을 보내곤 했다. 보통은 휴가 나온 군인과 돈을 받지 않고 관계를 가졌다. 그녀의 이런 행각은 1년 가까이 지속된 끝에 결국 왕실 친위대에게 꼬리가 잡혀 사형에 처해지고 말았다.

러시아의 캐서린 대제 역시 소문난 바람둥이였다. 독일 소연방국가의 공주였던 그녀는 남편인 표트르 3세 대신 제위에 올라 철의 여인으로 불릴 만큼 뛰어난 정치를 펼쳤다. 현재 러시아 국경도 캐서린 대제 때 만들어졌다.

그녀는 러시아 해군의 고위급 인사를 정부로 두는가 하면, 모스크바에 주재중인 외국 대사관 소속의 군 인사들과 관계를 맺었다. 급기야 정기적으로 관계를 가지던 영국 관리가 고국으로 돌아가게 되자, 그를 죽이려고까지 했다. 그러나 암살은 실패하고 영국으로 도망친 남자는 그 사실을 폭로하는 책을 내기도 했다.

이처럼 성적 욕구를 조절하기 힘든 사람들을 위해 유럽에서는 합법적으로 이를 해결할 수 있는 제도를 마련해주었다. 그 덕분에 성범죄도 줄이고 성병이 만연하는 일도 막을 수 있었다.

2010년 독일에서는 섹스세를 확대하겠다는 발표가 나와 화제가 된 바 있다. 우리도 발상의 전환이 필요하다. 유럽에서는 매춘이라는 직업을 양성화시켰다. 미국은 도박과 매춘이 동일 선상에 있다고 본다. 섹스를 더럽다고 생각해서는 안 된다. 삶의 활력소가 될 수 있는 성을 국가가 관여하는 문제 또한 재고해봐야 한다.

필자는 70년대 말부터 매춘을 합법화하지는 못하더라도 세금은 부과하자고 주장해왔다. 건국대 부총장을 역임한 홍성하 교수 역시 매춘도 소득이니 세금을 부과하자고 주장했던 것으로 기억한다. 그 후 유흥업계에 조세를 부과할 경우 발생할 수 있는 문제를 방지하기 위해 1990년대 말부터 술값과 팁을 구분하게 되었다.

비싼 술집의 경우 양주 한 병을 팔면 술값 20만원에 봉사료가 50만원씩 나오기도 한다. 이때 술값과 봉사료를 구분하지 않으면 술집에서 세금을 전부 물어야만 한다.

이를 막기 위해 합법적으로 세금을 부과하되, 여종업원에게 지급하는 봉사료에 대해서도 사업소득으로 인정, 원천징수하도록 했다. 아울러 주민등록으로 사업자등록을 할 수 있게 해줌으로써 유흥업소 비리가 많이 사라졌다.

국가가 매춘 문제에 관여해도 되는지 여부에 대해서는 아직도 이견이 많다. 아마도 매춘 문제를 둘러싼 현실과 일반인의 생각에 상당한 괴리가 있는 탓인 듯하다.

사형제도에 대하여

사형제도를 영어로는 데쓰 패널티death penalty라고 하는 데 반해, 영미법에서는 캐피탈 퍼니시먼트capital punishment라고 부른다. 아마도 '캐피탈'이 중요한 것을 가리키다 보니, 삶에서 가장 중요한 생명까지도 의미하는 모양이다. 사형제는 인과응보 사상에 바탕을 두고 있다. 인과응보는 형법의 원칙이기도 하다.

법원이라는 곳은 판결의 제한을 갖기 때문에 판결에 따라 사형을 집행한 뒤에 무고한 사람이 사형당했음을 안다 해도 되살릴 방법이 없다. 또 법률이 바뀌어 사형제도가 없어진다 해도 이미 사형당한 사람은 달리 어쩔 도리가 없다.

요즘은 사형제도를 인권침해라 하여 폐지한 나라가 더 많다.

그러나 미국과 일본은 사형제도를 여전히 유지하고 있으며, 우리나라 사법부 역시 사형수의 인권을 최대한 보장하고자 교수형을 채택하고 있다.

필자는 남북 대치상황이나 남북관계가 개선된다면 사형제 폐지론 입장에 서고 싶다. 최근 조두순, 김길태 사건을 보며 사형제 존속을 이야기하는 사람이 많은 줄 아나, 성범죄에 관한 한 보다 신중한 판단이 필요하다고 본다.

한 소아과 의사가 TV에 나와 성범죄는 곧 사회복지의 문제라고 이야기하는 것을 들었다. 우리 아이를 피해자로 만들지 않는 동시에 가해자로 만들어서도 안 된다는 얘기였다.

실제로 인터넷의 보급으로 모방범죄가 증가하는 요즘, 어릴 적부터 성교육을 시키는 일이 무엇보다 중요해지고 있다.

섹스를 하는 데는 즐거움뿐 아니라 책임감도 따른다는 사실과 함께 상대방에 대한 존경심과 배려심을 아이들 때부터 가르쳐야 한다. 성범죄는 사형제로 해결할 문제가 아니라, 보다 근본적인 해법이 필요한 사회문제이기 때문이다.

한편 유영철 사건을 보면 그를 사형시키기보다는 그를 통해 사이코패스를 연구하는 방안도 고려해봤으면 한다. 사실 흉악범의 경우는 사형 대신 살려두는 편이 당사자에게는 더 가혹한 처벌이 될 수 있다.

그럼에도 만약 사형제도가 존속되어야 한다면 사형판결과 집행 사이에 중간과정을 두는 필터링이 필요하다고 본다. 법률가뿐 아니라 10명 정도의 각계 전문가로 구성된 사형집행 심의위원회를 두고, 논의를 거쳐 다수결로 사형집행을 결정하는 식의 완충을 두는 것도 한 방법일 것이다.

낙태 문제에 대하여

논란이 거센 낙태 문제를 다시 짚어보자. 가령 낙태를 금지하는 현재의 형법대로라면 10대 소녀가 강간을 당해 임신을 했다면 이 역시 불법으로 인정, 낙태를 막아야 하느냐 하는 문제가 발생한다.

이에 모자보건법 14조는 모체의 건강을 심하게 해할 우려가 있거나 근친상간, 강간에 의해 임신한 경우 등 몇 가지 예외에 한해 낙태 수술을 허용하고 있다.

하지만 다른 한편에서는 오히려 형법상의 낙태법을 강력히 시행함으로써 낙태를 근절해야 한다는 주장과 함께 모자보건법 14조의 폐지를 외치는 목소리까지 나오고 있다.

요즘 언론에 자주 등장하는 미혼모 문제도 마찬가지다. 본의 아니게 미혼모가 된 여성들의 숫자가 적지 않은 점을 감안하면 사회적 합의가 필요한 시점이 되었다.

남녀가 결혼하여 아이를 낳는 선택은 인생에 있어 많은 에너지가 소요되는 문제다. 따라서 당사자들을 무책임한 결정으로 내모는 일이 없도록 낙태에 대한 진지한 검토와 의논이 이루어져야 한다.

미국에서는 임신한 지 12주 내의 낙태는 허락하지만, 그 기준이 엄격하다. 앞서 밝힌 기준에 덧붙여 부모가 불치의 병에 걸려 장차 태어날 아이가 지적장애 또는 심각한 유전병을 앓을 수 있어도 낙태가 허락된다. 게다가 미국의 경우 이혼율이 높아 부인이 데리고 온 딸을 의붓아버지가 강간하는 일이 많다.

우리나라도 불가피한 조건하에서 낙태를 인정해주는 문제를 논의할 시점이 되었다. 인구가 감소하니 낙태를 막자는 발상은 좋지만 그 전에 현실에 맞게 법을 적용하는 노력과 구체적인 규정이 필요하다.

보건복지부와 의사들이 모여 낙태를 허용하는 기준과 함께 허가제 또는 의사 재량에 맡길지 여부를 두고 활발한 토론이 선행되어야만 한다. 우선은 법안이 나올 때까지라도 보건복지부에서 기준을 만들어주는 뒷받침이 필요하다.

Legal Mind

4장
나 자신을 변호하다

Legal Mind

판사는 참으로 명예로운 소임이다. 그 명예로운 직업을 왜 그만두었는지 물어오는 사람이 많았다. 일일이 대답할 수도 없는 노릇이라 침묵을 지켜온 내가 이 책을 통해 판사를 그만두고 변호사의 길로 들어선 당시의 상황을 고해성사하려고 한다. 왜 이 길을 택했는지 나 스스로를 변호하고자 한다.

판사의 길을 접다

필자는 1973년 4월 1일자에 인천법원으로 초임 발령받았다. 1968년 사법시험에 합격하고 3년간 군대생활을 한 후 만 27세에 판사 발령을 받은 것이다.

소년등과해서 판사로 대접받으며 폼 잡고 산 세월이 6년 4개월이었다. 당시 인천지방법원은 법원지원장을 포함, 부장판사 1명과 판사 4명 등 전체 6명으로 구성되어 있었다.

인천, 부천, 강화의 당시 인구가 110만 명이었으니 분쟁 또한 얼마나 많았겠는가. 6명이 그 말도 많고 탈도 많은 분쟁을 소화하기엔 정말이지 역부족이었다.

그런데 1973년으로 기억하는 그해, 필자는 이미 판사로서 평생 국가에 봉직하는 일에 대해 의문을 품게 되었다. 민사재판을 담당하고 있던 5월초 무렵, 라일락 향기가 법정 안으로 흘러 들어오던 어느 날이었다.

그해 봄 정년퇴임한 대법관 출신의 사광욱* 변호사가 사건을 맡아 피고 측 대리인으로 인천에 왔다. 부장판사는 법조계 대선배를 배려하여 그에게 오전 첫 공판을 배정해주었다.

재판이 끝나 밖으로 나올 무렵 비가 쏟아져 내렸다. 사광욱 전 대법관은 법원 처마 밑에서 물끄러미 비를 바라보고 있었다. 아마 그곳에 올 때도 대중교통을 이용한 듯했다.

나라가 가난하던 시절이었으나 판사이자 대법관까지 지낸 어른이 법원 처마 밑에서 비가 그치기를 기다려야 하는 모습은 보는 이의 마음을 짠하게 했다.

대법관의 자리에 오르기까지 온갖 고생과 힘든 과정을 거쳤을 그였다. 그러나 이제 금액이 크지 않은 사건을 맡는 변호사가 되어 차도 없이 비를 피하고 있었다. 필자는 어린 나이였지만 판사의 말로가 저런 모습인가 싶어 참으로 서글펐다.

■ **사광욱** 史光郁 (1909.10.7~1983.1.2) | 평안북도 철산鐵山에서 태어나 1933년 경성법학전문학교를 졸업하고 1938년 조선변호사 시험에 합격, 1940년 일본고등문관 시험에 연이어 합격했다. 1943년 경성지방법원 판사로 임명되었고 광복 후에는 서울고등법원과 대구지방법원 등에서 판사로 재직하다가 1961년 대법원 판사가 되었다. 5·16 군사혁명 이후 1963년 중앙선거관리위원회 첫 위원장에 선출되었다. 1973년에 대법원 판사를 퇴임하고 변호사로 활동하였다.

그날 필자는 판사로서 봉직하는 일에 처음으로 회의를 느꼈다. 그러나 정작 판사로서의 길을 포기하게 만든, 뼈아픈 현실은 그로부터 수년 뒤에 찾아왔다.

박정희 시대의 시국사건을 바라보는 눈

1978년 3월부터 형사법원에 근무하던 필자는 이듬해인 1979년 7월 16일 사표를 냈다. 사표를 수리해주지 않던 대법원장은 내가 미국행을 결심하자 소급해서 사표를 처리해주었다. 박정희 전 대통령이 김재규에 의해 암살되었던 그해이다.

박 전 대통령의 독재를 놓고 비판이 계속되고 있지만 그 문제는 유신 이후 박정희 체제를 어떻게 볼 것인가에 초점을 맞춰봐도 좋을 듯하다.

필자는 정치적으로는 보수적이지도 진보적이지도 않다. 하지만 박 전 대통령이 세상을 떠난 지 30년이 훌쩍 지난 지금까지도 올바른 평가가 내려지기는커녕 이를 공론화조차 제대로 못하는 현실은 답답하기만 하다.

박정희 체제에 대해 관대한 평가를 내리는 이들은 당시로서는 어쩔 수 없는 독재였다고, 국가역량을 경제개발에 총동원하기 위해서는 어느 정도 불가피한 선택이었다고 주장한다.

그러나 직접적인 피해를 겪었거나 민주화 운동을 경험한 이들은 당시를 부처도 돌아앉을 정도의 지독한 독재시대였다고 폄하한다.

필자는 그러나 그 시절이 우리가 결국 거쳐야 했을 과정이었다는 생각에 동의하는 쪽이다. 그 시절을 겪지 않은 이들이 자신의 잣대로 평가하는 것은 이상과 현실의 괴리라고 생각한다.

구소련 사람들이 포항제철 공단을 시찰하고는 크게 감탄했다는 이야기를 들었다. 포스코는 유치원부터 대학교, 대학원까지 운영할 뿐 아니라, 직원들의 복지도 세계 최고 수준이다. 특히 직원용 아파트는 나무도 많고 주거환경도 훌륭해서 주민복지에 최선을 다했다는 평가를 받는다. 포항제철에서 노조운동이 일어나지 않는 이유이기도 하다.

이에 구소련 철강업계 관계자와 경제학자들은 포항제철 공단을 두고 '레닌이 꿈꾸고 실현하려고 했던 공장 형태가 바로 이것이다' 라고 평가했다고 한다.

그러자 한국 기자가 박정희는 지독한 독재를 한 것으로 알려져 있는데, 왜 그를 칭찬하는지 물었다. 그들의 대답은 이랬다.

"박정희의 독재정치는 스탈린에 비하면 독재라고도 할 수 없습니다."

사람들은 각자 자신의 시각에서 사건이나 현상을 바라보는 법이다. 구소련의 입장에서는 박 전 대통령의 독재는 아무것도 아니었는지도 모른다.

한편 미국의 전문가들 중에는 박 전 대통령의 독재에 대해 우리의 일반적인 평가와는 다른 입장을 보이는 이들도 있다. 필자는 아이비리그의 하나로 '유펜'으로 불리는 펜실베이니아 대학을 다녔다. 유펜은 로스쿨로도 유명하지만 한국에서는 MBA 과정으로 더 잘 알려져 있다. 펜실베이니아 대학 내에 있는 독립된 대학원인 와튼이 세계적으로 손꼽히는 비지니스 스쿨이기 때문이다.

그런데 노벨경제학상 수상자가 강의하는 와튼의 후진국 경제개발론* 수업에서 성공사례로 꼽는 나라가 바로 한국이다. 자국 국민의 비난에도 불구하고 세계적인 비즈니스 스쿨에선 한국을 롤 모델로 삼고 있는 것이다.

물론 박정희 전 대통령의 독재는 엄연한 현실이었다. 그는 안기부나 정보부, 보안사는 물론이고 경찰, 검찰, 법원 할 것 없이 모든 공권력을 자신의 독재 수단으로 삼았다.

■ **후진국경제개발론** | 앨버트 허쉬만 Albert Hirschman 같은 학자는 후진국개발론을 이야기하면서 경제발전에 있어서 사회자본의 정비와 공공투자의 중요성을 강조하는 불균형개발론을 주장한 바 있다.

당시 필자는 판사로 재직 중이었다. 서울지방법원의 정치적 사건을 담당하는 13부와 14부, 두 개의 재판부 가운데 14부 우右배석 담당이었다. 합의부 재판에는 재판장과 좌우 배석판사가 함께 참석하여 판결하는데, 주로 10년 이상 경력의 재판장이 재판을 주도하고 초임판사들이 배석을 맡게 된다.

필자가 연고나 추천도 없이 우배석을 맡게 된 것은 어쩌면 운명이었는지도 모른다.

당시는 데모가 극심했다. 77년, 78년에 걸쳐 유신 독재를 반대하는 목소리가 거세지자 정치적 위기를 느낀 정부는 긴급조치 포고령, 긴급조치 선언 등으로 단속을 강화했다.

국회의 통과 없이 일방적으로 발표된 긴급조치 위반사건을 법조계는 '22 사건'이라고 불렀다. 경찰과 법원에서도 '둘둘이' 사건으로 통했다.

둘둘이 사건은 조사와 기소에서부터 법원의 판결이 나오기까지 모든 절차가 일사천리로 진행됐다. 신속한 재판을 통해 긴급조치 위반자들을 하루빨리 사회로부터 격리시키는 것이 당국의 입장이었기 때문이다.

당시 사회소요(데모) 관련 관계기관대책회의■의 본부장은 차지철■ 경호실장이었다. 나중에는 국가안전기획부장의 주도체제로 바뀌었지만 당시는 안기부장과 검찰청, 보안사, 경찰청 등 6

개 기관이 관여하는 시국사건의 재판과 처리 과정 전체를 경호실장이 지휘하게끔 되어 있었다.

관계기관대책회의의 긴급조치 위반처벌에 대한 핵심 지시사항 가운데 하나는 '국가기관의 정책에 반대하는 발언을 하는 사람은 징역 7년 이상의 유기징역에 처한다'였다. 쉽게 말해 '박정희 물러가라. 유신헌법 철폐하라'라고 말하면 긴급조치를 위반하는 행위가 된다.

이는 법 규정이 아닌 대통령령으로, 집행유예를 붙일 수도 없었다. 결국 7년 이상을 구형하면 정상을 참작해 한 번 감형을 하더라도 3년 반 이상을 복역해야 했다.

이에 서울지부 공안부 검사와 법원의 부장판사가 모여 대책회의를 한 끝에, 시국 공안사건의 경우 검사 구형량의 반을 선고하라는 결정이 났다. 그러니까 3년 반을 선고하라는 말이었다. 그 결과 젊은 청춘들이 줄지어 집행유예 없이 3년 반의 실형을 살게 되었다.

■ **관계기관대책회의** | 유신정부와 5·6공화국 시절 국가안전기획부(전신은 중앙정보부) 주도로 당정의 주요 현안들에 대해 처리방안을 결정하던 준상설기구. 주로 학원계와 노동계 등 시국 공안사건과 관련, 중앙정보부와 안기부가 검찰·경찰·교육부·노동부 등을 동원하여 정권 안보를 위해 공권력을 사용했으나 김영삼 정부에 들어서면서 폐지된 것으로 알려져 있다.

■ **차지철** | 박정희 대통령을 보좌했던 경호실장. 1979년 10월 26일 김재규에 의해 사살되었다. 이 날 박 전 대통령도 함께 시해되었다.

공안당국은 독재 반대 데모를 하거나 시국 관련 사건을 일으킨 학생에게 실형을 내리기에 앞서 최전방과 산업시설을 시찰하게 했다. 그런 다음 정부에 대한 반대 데모가 잘못이라는 사과문을 쓰면 풀어주었다.

대신 반성도 전향도 하지 않는 사람에게는 법원의 구형대로 3년 반 형을 선고했다. 3년 반의 실형을 받기 싫어서라도 80% 이상의 학생이 반성문을 쓰고 가석방을 통해 풀려났다.

공안사건에 대한 당시의 조처는 박 전 대통령의 독재정치가 남긴 치명적인 오점임이 분명하다. 그러나 필자는 특정 인물을 바라볼 때 전체를 평가하지 않고 잘못만을 이야기하는 것은 객관적이지 않다고 본다.

물론 박 전 대통령의 잘못 역시 그를 평가하는 중요한 잣대가 될 수밖에 없다. 그럼에도 박정희 전 대통령을 독재자로만 매도할 수 없다는 것이 필자의 기본 생각이다.

내 이야기로 다시 돌아가, 당시 필자가 관여한 재판이 진실화해를 위한 과거사정리위원회로부터 잘못된 판결로 결정되었다는 이야기를 들었다. 그 시절 부끄러운 이야기를 이제부터 고백하고자 한다.

목포 앞 무인도 간첩 사건의 진상

목포에서 배를 타고 30분 정도 가다 보면 셀 수 없이 많은 무인도가 눈에 들어온다. 그 가운데 한 가구밖에 살지 않는 어느 작은 섬에서 사건은 시작됐다.

시국이 어수선하고 간첩선이 자주 출몰하던 시절이라 보안사나 정보부에서는 아침 일찍 특정한 섬을 불시에 찾아가 현장을 점검하곤 했다.

그런데 어느 날 아침 6시쯤, 문제의 섬에서 바닷가에 남은 발자국과 흰색의 빨래가 널려 있는 장면이 목격됐다. 그곳에 살고 있는 가족에게 사실을 확인하자 아침에 찾아온 사람이 아무도 없다고 했다. 그렇다면 그들 외에는 아무도 살고 있지 않는 섬에 발자국은 왜 남아 있으며 빨래는 왜 흰색만 널었는지, 가족들을 다그치기에 이르렀다.

조사 결과, 이들 가족의 동생이 월북한 사실이 밝혀지면서 수사는 급물살을 타기 시작했다. 정보부는 월북한 사람들이 와서 이들 가족을 만나고 갔다고 결론 내리고, 아침 일찍 하얀 빨래를 넌 것은 간첩들이 상륙해도 좋다는 신호로 해석해버렸다.

그들은 과연 유죄일까, 무죄일까. 재판을 맡은 판사로서는 참으로 답답한 상황이 벌어진 셈이다. 이에 재판장과 배석판사들은 "발자국이 나 있다고 유죄판결을 내릴 수는 없다"라는 입장을 밝히고, 검사 측에게 "이렇게는 유죄판결이 안 나오니 현장을 가보고 증인을 불러 물어보자"고 제안했다.

그리하여 목포 법정에서 재판이 열렸지만, 재판부는 증인의 말을 듣고도 유죄를 확신할 수 없었다. 당시 피고 측의 변호를 맡은 서울 법대 선배인 조찬형 변호사는 모래밭에 나 있는 발자국이 외부 사람의 흔적이라는 주장은 정황증거일 수밖에 없다며 무죄를 주장했다.

합의부 재판부는 오랜 고민 끝에 해당 사건에 대해 3년형을 선고했다. 검사구형은 10년이었음에도 절반 이하를 선고한 것이다. 그러자 담당검사가 찾아와 "구형량의 절반은 선고해야 하는데 형량이 너무 적어 잘못하면 검사도, 판사도 인사조치를 당하게 생겼다"며 큰일이라고 했다.

우리 재판부는 해당 사건에 대해 느낀 그대로 이야기해주었다.

"청와대에 사실대로 보고하십시오. 아무리 봐도 정황증거밖에 안 나오는 사건이라 어쩔 수 없습니다."

이 일로 인사조치를 당하지는 않았다. 그러나 후일 과거사정리위원회에서 잘못된 판결로 결정이 내려졌고, 당시 피고는 재심에서 무죄로 판결이 나 국가보상을 받았다고 들었다.

이 문제를 굳이 변명하자면, 당시에는 지금과 달리 특별히 고려해야 할 사항들이 있었다. 남북 대결구도가 판결에 큰 영향을 미칠 만큼 중요한 사안이던 시절이었다. 따라서 대북문제에 관한 한 조금만 의심이 가도 즉각 유죄가 선고됐다. 판사는 시대와 상관없이 독립적인 판결을 내려야 하지만 현실은 결코 자유롭지 못했다.

제2차 세계대전 당시 미국의 법조계에서도 같은 사례를 확인할 수 있다. 미국의 법 현실은 공안사범을 재판할 때 명백하고 현존하는 위협이 있을 때에만 처벌하도록 하고 있다. 또 형사사건을 유죄로 판단할 때도 합리적인 의심이 없어야 한다고 규정되어 있다. 이것은 깨뜨릴 수 없는 원칙이었다.

그런 미국조차도 제2차 세계대전 당시 사법원칙에 어긋나는 일들을 숱하게 저질렀다. 대표적인 예로, 진주만 습격 이후 일본과 전쟁을 벌이는 과정에서 미국 정부는 연방의회법으로 미국 내 일본계 시민들을 정치적으로 박해하기 시작했다. 그 결과 10만 명 이상의 일본계 미국 시민이 헌법의 보호를 받지 못하고 집단수용소 캠프에 강제로 격리 수용되었다.•

제2차 세계대전 이후 미국은 공산주의와 시장주의의 대결국면에서 비롯된 매카시즘Mccarthyism•으로 또 한 차례 많은 희생을 치렀다. 냉전과 보수적인 분위기에 떠밀려 수많은 사람들이 공산주의자로 몰려 박해받고 뚜렷한 이유 없이 죽어나간 것이다. 미국은 법적으로 공산당 활동이 자유였지만 실제로는 엄청난 제재를 가했다.

베트남 전쟁이 발발했을 때는 더한 일도 있었다. 1970년 5월 4일, 미국 오하이오 주 켄트 주립대학에서 200명가량의 학생들이 반전시위를 벌였다. 시위가 격렬해지자 주방위군이 들어가서 사전경고도 없이 시위대를 향해 발포해 4명이 죽고 9명이 부상당하는 일이 벌어졌다. 이 일은 연방정부가 죽은 사람들에 대해 보상을 하지 않아 결국 미제 사건으로 남고 말았다.

세계 민주주의의 최고봉이라는 미국에서도 이런 일들이 일어

■ **미국의 일본인 강제수용** | 미국은 이 사건을 '건국 이래 최악의 실수였다'고 자인했다. 진주만 공격 이듬해인 1942년 루즈벨트 대통령은 지역 군사 책임자에게 적대세력에 대한 강제퇴거 및 수용에 관한 절대적인 권한을 부여했다. 그 결과 전국에 걸쳐 약 12만 명에 이르는 일본계가 아칸소에서 캘리포니아 동부에 이르는 사막지대에 설치된 10곳의 포로수용소에 강제로 수용되었다. 이들 대부분은 미국에서 태어난 일본인이었으며 한국인이나 동양계도 섞여 있었다.
1945년 1월 이 사건은 인종차별에서 비롯되었다는 대법원의 위헌 판결로 끝이 났다. 그러나 많은 수감자들은 집과 터전과 직장을 모두 잃은 뒤였다. 그 후 사건의 피해자들과 진실을 밝히려는 소수의 사람들 덕분에 의회와 대통령(로널드 레이건과 조지 부시)으로부터 공식사과와 함께 실질적인 보상도 받게 되었다. 1992년 9월 부시 대통령은 추가예산을 4억 달러 편성하여 82,210명의 피해자에게 1인당 2만 불의 보상금을 지급하고 사과함으로써 끝을 맺었다.

■ **매카시즘** | 1950년부터 1954년까지 미국을 휩쓴 일련의 반反공산주의 선풍을 가리키는 말로, 공화당 상원의원인 J. R. 매카시의 이름에서 비롯되었다. 매카시 상원의원은 1950년 2월 "국무성 안에 205명의 공산주의자가 있다"는 폭탄선언을 했다. 이에 광범위한 조사와 월권행위로 인해 피해자들이 속출했다. 이는 제2차 세계대전 후 냉전이 심각해지면서 공산세력의 급격한 팽창에 위협을 느낀 미국의 광기가 발동한 사건이었으나, 후일 조사 결과 잘못된 것임이 밝혀졌다.

났다는 사실을 어떻게 봐야 할까.

박 전 대통령 시대로 돌아가, 당시는 한국에서 미군이 철수를 한다는 것은 곧 패전을 의미하던 시기였다. 재래식 무기로 싸워서는 도무지 이길 수 없는 상황이었다. 재래식 무기가 5배 이상이나 좋아졌다는 오늘날에도 천안함 침몰 사건이 일어나는 것을 보면 우리가 얼마나 지척에서 적대적인 북한과 대치하고 있는지를 새삼 깨달을 수 있다.

더욱이 당시 국제정세를 감안하면, 간첩 사건에 대해 수사당국이 촉각을 곤두세울 수밖에 없었다. 민주화라는 시각으로 보자면 사법원칙에 어긋나지만, 그것을 박정희 독재의 잔재라고만 밀어붙이기에는 한계가 있다는 것이 필자의 솔직한 생각이다.

다만 미국은 일본인을 강제로 수용한 부끄러운 역사를 숨기는 대신 밖으로 드러내 시대의 재평가를 받고 사과와 재발 방지를 약속하는 성숙한 모습을 보였다. 필자가 이제 와서 이런 고백을 하는 것도 같은 맥락에서 받아들였으면 하는 바람에서다.

그 시절만 생각하면 가슴이 답답해진다. 지금의 고백으로 당시의 잘못을 되돌릴 수는 없겠으나 진실을 밝히는 데 도움이 되었으면 한다.

숙명여대 화장실 대자보 사건

박정희 전 대통령의 유신독재는 여학생들에게까지 피해가 미쳤다. 대학의 소요가 격렬해지자 숙명여대 교내에 수도경비사령부 병력 300명이 막사를 치고 진주해 있던 시절이었다. 여차해서 한강이 뚫리면 이를 막을 수 있는 마지노선이 남영동이라는 계산과 더불어 학생 소요를 무력으로 잠재우는 방편으로 학교 캠퍼스를 군부대 숙소로 사용하게 한 것이다.

그러나 당하는 입장에서 보면 화가 날 노릇이었다. 20대 젊은 여성들이 공부하는 학교에 군인들이 팬티 바람으로 돌아다니고 총기를 든 사병들이 시위하듯 보초를 서는 모습이 여간 불편하지 않았을 테니 말이다.

그런데 몇몇 학생이 화장실에 '박정희는 독재자. 군인들을 철수시켜라'고 낙서를 쓴 것이 시국사건의 발단이 되었다. 그저 화가 난 학생들의 행동으로 덮어두면 되었을 것을, 누군가의 과잉충성이 사건을 확대시켰다.

본보기를 보여야겠다며 나선 정보부 관계자들이 범인을 잡기 위해 중간고사를 보게 한 다음 벽보 글씨와 필적을 감정해 5명이나 되는 학생을 잡아들인 것이다.

그 재판은 지금도 내게 아픈 기억이자 부끄러운 과거로 남아 있다. 앞선 사건에 이은 필자의 두 번째 참회록이 여기 있다.

재판이 열렸다. 여학생들은 죄수복을 입혀놓아도 청순했다. 최후진술의 기회를 주자 여학생들은 악을 쓰며 재판부에 욕을 해댔다.

"너희들은 박정희 앞잡이구나. 물러가라!"

"지금은 당신들이 우리를 재판하지만, 역사는 당신네들을 재판할 것이다."

학생들은 재판부 자체를 무시하고 사람 취급도 하지 않았다. 당시 필자는 우배석이었다. 그 소리를 묵묵히 듣고 있노라니 기막힐 노릇이었다. 대학에서 한창 꽃피울 나이에 끌려와 죄수복을 입고 악을 쓰는 그 아이들이 너무나 불쌍했다. 하지만 판사로서 눈물을 보일 수도 없고, 참자니 죽을 지경이었다.

재판장도 그 상황이 너무 답답했던지 이렇게 소리를 질렀다.

"얘들아, 내가 데모하라고 했니? 악법도 법인데 나더러 어떻게 하란 말이냐?"

검사는 긴급조치 위반으로 이들 학생에게 3년 반을 구형했다. 판사도 힘들고 피해자들은 더 힘들었던 시기였다. 그 시절을 어떻게 견디어냈는지 지금도 모를 일이다.

비슷한 재판은 계속됐다. 공안당국자들은 시위현장에서 데모한 학생들을 잘도 찾아내곤 했다. 정보부에선 시위한 학생과 그러지 않은 학생들을 금방 구분해 재판에 회부했다.

그러다 보니 학생들의 대응도 만만치 않았다. 학생들은 게릴라식으로 데모를 벌인 뒤 금방 자취를 감췄다. 몇월 몇일 몇시에 모이자고 약속한 다음 잠시 모여 소리치고는 곧바로 사라지는 식이었다.

그렇게 게릴라식 데모를 하다 잡혀 온 공대 학생이 있었다. 시골에서 공부해 서울공대 기계과에 들어갔으니 그 부모들이 얼마나 기뻐했겠는가. 그런 아들이 데모를 하다 잡혀와 재판을 받는다 하니, 상경해 재판을 방청하고 있는 부모는 가슴을 졸일 수밖에 없었을 것이다.

검사가 예정대로 7년을 구형하는 그 순간 학생의 어머니는 법정에서 정신을 잃고 쓰러지고 말았다. 당시에는 극단적인 상황이 발생할지 몰라 언제나 구급차가 대기하고 있었다. 그 어머니가 들것에 실려 가는 모습을 보며 내 자신이 판사라는 사실이 너무도 원망스러웠다.

당시로서는 어쩔 수 없는 선택이었지만, 마음 아픈 시대상에 일조한 판사의 한 사람으로서 미안함을 감출 수 없었다. 그 마음은 지금도 여전하다.

당시 독재 반대를 외치며 법정으로 끌려온 학생들 중에는 장성의 자식이나 판사의 동생들도 여럿 있었다. 판사의 동생은 괜찮았지만, 장성의 자식이 유죄 판결을 받으면 장성은 사표를 내야 했다. 자식이 아비를 힘들게 하고 아비가 자식을 힘들게 하던 시절이었다.

나는 더 이상 그 자리에 남아 있을 수 없었다. 판사가 명예로운 직업이기는 하나 자신의 양심대로 판결할 수 없는 이상, 반대도 찬성도 할 수 없는 나 자신을 감당하기가 어려웠다.

지금도 필자는 그 시절의 내가 회색지식인이었다고 스스로 고백한다. 독재도 오래되면 관료화가 된다.

결국 나는 한국 사회를 견디지 못하고 사표를 던지기로 마음먹었다. 미국으로 유학을 떠나 3년 반의 도주 생활을 시작하게 된 것이다.

원칙이 존중되는 사회

80년대 초부터 우리 법조계는 판사로서 품위를 유지하기가 쉽지 않은 시대적 변화를 맞이했다. 우리 경제가 조금씩 살아나면서 판사 출신이나 현직 판사들이 시험동기나 대학동기끼리 어울려 골프를 치러 다니는가 하면 휴가 때는 외국까지 나가곤 했다.

하지만 그러다 보면 원치 않는 골프 접대도 받게 되고 어울리지 말아야 할 사람들과 어울리는 일도 생기는 법이다. 간혹 어느 검사가 누구랑 어울렸느니 어느 판사가 접대 골프를 받았느니 하는 소문이 나는 것은 그만큼 처신을 조심하지 않아 생기는 일이다.

또 이런 경우도 있었다. 제천에서 지원장을 하던 분의 이야기다. 그 당시에도 제천에는 양회공장 즉, 시멘트업체가 많았다. 양회공장을 하다 보면 유해폐기물 처리 문제로 벌금을 내는 일이 많은데, 우리나라는 환경문제에 관한 한 행위자와 법인의 대표이사가 쌍벌 기준으로 처벌받게 되어 있다. 법인과 법인의 대표자 혹은 행위자와 법인 대표에게 다 같이 벌을 주는 시스템이다.

그런데 한때 건설 붐에 힘입어 시멘트가 모자라는 일이 생겼다. 그러다 보니 지원장이 서울 영등포 지역의 대리점 허가를 받는 등 이권에 개입하기도 하고, 판사로 근무한 사람 가운데 일부가 조폭과 어울려 술과 노름을 즐기고 골프도 함께 하는 일이 80년대부터 빈번하게 일어났다. 엄정한 법집행이나 법원의 독립성이 훼손되기 시작한 것이다.

이와 같은 법조계의 분위기는 판사직에 회의를 느끼게 만든 또 하나의 이유가 됐다. 필자는 법원뿐 아니라 검찰에 이르는 법조계에도 자체 정화기능과 감찰제도가 활성화되기를 오랫동안 바라왔다.

시민단체가 그 역할을 일부 맡을 수도 있겠지만 개인적으로는 그다지 신뢰할 수 없었다. 시민단체가 또 하나의 권력이 되고 정치적 목적으로 이용되기도 해서다. 그래서 시민단체의 힘을 빌리기 전에 양식 있는 시민들의 비판을 받아야 한다고 생각했다.

헌법은 법원에게 재판의 독립성을 인정한 것이지 부적절한 기능을 허락한 것이 아니다. 헌법조항에는 양심과 법률에 의해 재판한다고 되어 있지만, 판사 한 사람이나 세 사람이 한국 사회의 양심을 대표할 수 있을지는 의문이다.

그 대안은 역시 배심원제도에서 찾을 수 있을지 모른다. 앞서 말했듯이 미국은 배심원이 판단하고 판사는 재판절차만 진행하게 되어 있다. 이럴 경우 판사의 독단에 좌우될 위험은 훨씬 줄어든다. 하지만 배심제 재판은 돈이 많이 들고 재판이 길어진다는 단점이 있다. 또 변호사의 능력 유무, 피해자의 경제력 유무에 따라 판결에 상당한 차이가 생길 수도 있다.

그럼에도 미국의 배심원제도가 근대화 혹은 혁명화를 이뤄냈다고 말할 수 있는 것은 흑인 여성을 재판할 때는 반드시 피고측 여성을 대변할 수 있는 흑인 여성을 배심석에 포함시키는 예를 통해 알 수 있다.

초보적인 배심제를 운용하고 있는 우리나라는 미국처럼 가려면 상당한 개혁이 필요하다. 미국을 따라 하기에는 우리 법률이 너무 명문화되어 있어 배심원들이 개입할 여지가 없기 때문이다.

미국에서의 짧은 변호사 시절

미국에서 변호사 선서를 한 이후 필자는 펜실베이니아 주의 변호사업계에서 1년간 일하면서 한국 교민들을 상대로 상담을 맡았다. 후일 필자가 필라델피아를 떠날 때 인근 뉴저지에는 한국인이 5만 명 정도 살고 있었다.

그때 한인회 간부라는 사람이 내게 찾아와 이런 제안을 했다.

"한국 여성들의 가내수공업 기술은 세계 1위입니다. 현재 필라델피아의 봉제공장은 이탈리아가 장악하고 있습니다만, 지금이야말로 우리 한국인들이 이곳 제조업계에 뛰어들 시기입니다. 변호사님이 귀국하신 다음, 1년에 백 명 정도 한국의 근로 여성을 추천해서 취업비자를 심사해주시면 소정의 사례를 해드리겠습니다."

지금에 와서 하는 말이지만 당시 변호사는 고고한 직업이라 그런 일을 하면 안 된다고 생각했기에 알겠다고 대답하고서는 더 아무런 행동도 취하지 않았다.

만일 그때 그의 부탁을 들어주었다면 어떻게 되었을까. 알다가도 모르는 게 인생이다. 하지만 간혹 걸어온 것과 다른 길을 걸었다면 지금 어떻게 살고 있을까 하는 생각이 들곤 한다.

원칙을 지키며 산다는 것

필자 스스로 이런 이야기를 하기란 계면쩍지만 나는 곧이곧대로 원칙을 지키는 사람이다. 그래서 후배들과 만나면 한국 사회가 건강한지 알려면 나를 보라고 큰소리 치기도 한다. 선친도 변호사로 돈을 많이 버셨지만, 나는 장남으로서 물려받은 것이 없었다.

필자가 미국 유학을 마치고 변호사를 개업할 즈음 진로 문제로 고민하던 때가 있었다. 마침 서울법대에서 국제거래 강좌가 82년 가을학기부터 시작되면서 교수직으로 가볼까 하는 생각을 저울질하던 시점이었다.

조심스럽게 알아보니 국제거래 강좌를 맡아 교수직으로 들어가면 호봉제 교수라 조교수 대우밖에 안 해준다고 했다. 당시 조교수 봉급은 80만 원밖에 되지 않았다. 한편 법원으로 가면 고등법원 판사가 되어 150만 원 정도의 월급을 받을 수 있었다.

대신 서울대 교수의 경우 국립용역이 나오는데, 책을 잘 써내면 한 달에 인지세가 200만 원 정도 나온다고 했다. 당시 법대 교수가 쓴 책은 인세가 잘 나오는 편이고 책의 수요도 적지 않을 때라 이것저것 합치면 월수입이 480만 원 정도여서 고등법원 판사보다 나은 조건이라고 할 수 있었다.

그러나 필자가 미국에서 유학하느라 쓴 돈이 2억 원 정도인데 어느 세월에 회복할까 싶었다. 게다가 적어도 1년에 한 번은 외국에 나가 해외 법조계와 법률시장의 추세와 흐름을 읽어야 하는데 공무원이 되면 여건상 무리일 듯했다.

그래서 변호사의 길을 선택했다. 하지만 부모님도, 친구들도 나를 말렸다. 주변 사람들은 하나같이 당시 한국에서 변호사를 했다가는 고생만 하고 돈도 못 번다고 충고했다.

개업 후 이력서를 들고 100군데 이상을 돌며 개업인사 겸 영업을 다녔다. 자존심이 상하는 순간도 있었지만, 지식과 비즈니스는 별개라고 생각했다.

그렇게 노력하고 애쓴 결과 아이들을 교육시키고 밥도 굶지 않을 정도의 돈을 벌었다. 나서서 부탁하지 않았음에도 감사원 정책고문변호사를 맡고 책도 출간하게 되었으며, 국제심판원 비상임심판관까지 맡았다. 그저 고맙고, 축복이라는 생각마저 든다.

그러나 계속된 법조인의 삶에서 만난 세상은 원칙을 지키며 사는 사람이 성공하고 대우받는 사회라고 하기엔 아직도 가야 할 길이 멀어 보였다.

선의가 부담으로 돌아온
김근태 사건

　　김근태 씨는 서울 상대를 나와 필자의 1년 후배인 것으로 안다. 나는 그가 미국 유학을 다녀온 이후 특정한 분야의 전문가로 일했다거나 한국의 빈부격차나 박정희 시절의 정치에 대해 깊은 고민을 한 사람은 아니라고 생각하고 있었다. 어떤 면에서는 자칭 진보진영 쪽에서도 과격주의자로 보고 있었다. 우리나라 은행을 국유화한다든지 서울대학교를 없애버리자는 식의, 그가 했던 다소 극단적인 주장들 때문이었다.
　　그런 김 씨와 인연을 맺게 된 건 1986년, 그가 1심에서 유죄 판결을 받고 고등법원에 항소해 재판을 기다리고 있을 때였다.

그 유명한 김근태 고문사건▪의 항소심에서였다.

그가 재판을 기다리고 있을 때 필자에게 미국 대사관으로부터 전화 한 통이 걸려왔다. 내가 기억하기로는 아마도 3등 서기관쯤 되는 곤잘레스라는 멕시코 계통의 미국인이었다.

그는 김근태 사건으로 법원을 방문해 고등법원 판사들을 만나야 하는데 동시통역을 해줄 수 없는지 부탁해왔다. 시국 관련 사건이라 잠시 망설였지만 미국에서 공부할 때 미국인들에게 신세를 진 일이 생각나 결국 수락했다.

필자가 미국 펜실베이니아 주 칼라일에 있는 디킨스 대학에서 필라델피아의 유펜으로 오게 되면서 급히 이사를 할 상황에

▪ **김근태 고문사건** | 1985년 9월 4일 새벽 5시 30분, 서울 서부경찰서 유치장에서 깊은 잠에 빠져 있던 민주화운동청년연합(민청련) 의장 김근태는 갑자기 불려나가 남영동 전철역 주변의 치안본부(현 경찰청) 대공분실로 이송되었다. 그곳 515호실에서 그는 수차례의 고문을 통해 고문자들이 요구하는 모든 혐의사실을 시인했다. 삼천포에서 배를 타고 월북했으며 간첩으로 남파된 형들을 자주 만났다는 내용이었다. 그가 고백한 바로는 9월 20일까지 모두 10차례의 물고문과 전기고문을 당했다. 김근태는 이후 26일 아주 잠시 동안 서소문 검찰청 복도에서 아내 인재근을 만나 자신이 겪은 고문 내용을 알려주었다.

김근태가 공개적인 육성으로 세상에 고문 사실을 알린 것은 12월 19일의 첫 공판의 모두冒頭진술을 통해서였다. 대한변호사협회는 86년 8월 6일 회장 김은호의 명의로 김근태를 고문한 자들에 대한 조속한 사건 처리를 촉구하는 공문을 발송했으나 검찰은 고발내용에 대해 무혐의 처분 결정을 내렸다. 그러나 재야와 야당은 이 사건을 계기로 '고문 및 용공조작 공동대책위원회'를 꾸리는 데 의견을 모았고 전두환 신군부에 큰 타격을 주었다.

이 사건이 민주세력의 단결을 불러온 것은 절망적인 상황에서도 고문 내용을 기록하다시피 머릿속 깊이 담아낸 김근태 자신의 집요함과 이를 외부세계에 정확하게 전파한 아내 인재근의 민첩함이 있었기 때문이다. ─ 2004년 5월 30일자 〈경향신문〉

처한 적이 있었다. 가난하던 유학생 신분이라 이삿짐센터를 찾는 일이 적잖은 부담이 되어 궁리 끝에 내가 살던 아파트 경비원에게 도움을 청했다. 나는 비용을 절약할 수 있을 터였고 경비원도 부수입이 생기니 서로 이익이라고 생각했다.

경비원이 일을 쉬는 시간을 택해 필라델피아에 도착하니 밤 12시가 넘은 시각이었다. 그런데 그곳의 이웃들이 이역만리에서 온 외지인을 위해 이사를 도와주는 것이 아닌가. 그들은 짐을 날라주는 것은 물론이고 커피도 끓여주며 나를 환대했다.

비단 그 일만이 아니었다. 미국인들은 기대하지 않았던 편의와 친절을 내게 베풀었다. 얼굴도 모르고 특별한 이해관계도 없는 외국인에게 그런 친절을 베푼다는 것이 어디 쉬운 일인가. 필자는 미국에 공부하러 가기 전까지는 반미사상에 사로잡혀 있었다. 그러나 실제 미국을 경험하자 미국인들을 그렇게 쉽게 평가할 수 없다는 사실을 깨달았다.

당시의 기억을 떠올려 보수 없이 도와주게 된 곤잘레스 씨는 김근태 씨 부인이자 운동권 여성인 인재근 씨가 외교관 파우치를 이용해 미국 국무성에 남편에 대한 탄원서를 냈다고 했다. 법원에서 고문으로 인해 허위자백을 했다는 사실을 폭로하고 상처를 보여주었음에도 이를 인정해주지 않았다는 이야기였다.

미 국무성은 한국의 재판과정에 공식 개입할 수 없었기에 하는 수 없이 대한변호사협회와 미국변호사협회가 공동성명을 발표하기로 조정 중에 있다고 했다.

필자는 동시통역을 위해 당시 담당판사이던 H 부장판사에게 30분 후에 간다고 연락한 뒤, 곤잘레스 씨와 함께 고등법원을 찾았다.

곤잘레스 씨가 관심을 갖는 사항은 두 가지였다. 첫째, 공개된 법정에서 재판을 진행할 것인가. 둘째, 고문을 받아 허위자백을 하고 상처를 입었다는데 의사 감정을 받게 할 것인가 하는 부분이었다. 필자가 그의 말을 그대로 옮기자, 변호사와 적절히 상의해서 김근태 씨가 불만을 갖지 않도록 재판을 진행해주겠노라 결론이 났다. 곤잘레스 씨는 텔렉스 번호를 가르쳐주며 오늘 애기된 내용을 보내달라고 부탁했다.

그리고 3일 후 서울지검 공안부 소속의 C 검사가 나를 찾았다. 무슨 일인가 싶어 들어갔더니 이런저런 잡담 끝에 김근태 씨 사건으로 재판부에 간 적이 있는지 물었다. 그것을 왜 묻느냐 했더니 공안당국에서 여러 가지 사실을 알고 싶어 한다는 것이었다.

필자는 되물었다.

"나는 그 사건과 관계가 없고 동시통역을 부탁해왔기에 통역밖에 해준 게 없다. 그들이 뭘 알고 싶어 하느냐?"

그랬더니 미 대사관 직원과 어떻게 접촉이 이루어졌으며 앞으로 어떻게 할 것인지 물어보더라는 것이다. 그래서 "그건 협조할 일이 아니다. 개인 사생활을 두고 왜 공안당국이 신경을 쓰는가"라고 되받아버렸다.

C 검사는 관계기관대책회의에 올라가 이 문제를 놓고 공안당국 관계자들과 의논을 했다며 경위서를 써달라는 요구를 전했다. 그 말에 화가 나기 시작했다.

"경위서를 안 써주면 어떻게 할 작정이라는데?"

그러자 흘러나온 대답이 가관이었다.

"협조를 안 하면 너희 변호사 사무실에 정보부 직원을 두 사람 보내겠다."

변호사 사무실에 정보부 직원을 보낸다는 것은 사무실 문을 닫으라는 소리나 다름없는 협박이었다. 누가 정보부 직원이 지키고 있는 사무실에 사건을 의뢰하겠는가.

C 검사는 내가 곤잘레스 씨와 같이 가서 대화한 내용이나 텔렉스를 보낸 사실까지 당국이 다 알고 있다고 했다. 내가 움직이고 말한 모든 것이 감청되었음을 짐작하고도 남았다. 어쩔 수 없이 경위서를 써주며 도대체 누가 이 사건의 공안당국 책임자인지 물었다. J 씨라는 대답이 돌아왔다.

그는 나와 동창이자 아는 사이였다. 후일 그를 만난 자리에서

이 문제를 따지고 들었다.

"우리가 남도 아니고 함께 공부하고 민주화를 위해 데모도 한 사이가 아니었는가? 그런데 어떻게 내게 그럴 수 있었나?"

내가 정색을 하고 묻자 그는 자신의 지시가 아니었다며 다른 사람 핑계를 댔다. 인생이란 뭐 그런 거지 싶으면서도 그 일만 생각하면 같이 공부한 사이에도 서로 다른 세상을 살고 있다는 생각이 들곤 했다. 어쨌든 김근태 씨 사건은 경위서를 써준 것으로 끝이 났다.

지금에 와서 이 이야기를 꺼내는 것은 그에게 인사를 받기 위함도, 내가 핍박을 받았다는 사실을 내세우기 위함도 아니다.

나는 그저 김근태 씨에게 한 가지 묻고 싶다. 열심히 민주화 운동을 하고 고난도 많이 겪은 김근태 씨지만 당신의 민주화 운동에 내용이 없는 것은 아니었는지, 민주화 운동을 통해 어떤 국가를 세우고 싶었는지, 무엇이 제대로 갖춰져야 민주화인지 지금도 묻고 싶다.

또 하나, 당시 공안당국의 처사가 지나쳤음을 지적하고 싶다. 일반 형사소송을 재판하더라도 고문으로 허위자백을 하진 않았는지 판사가 세심하게 살피는 법이다. 더욱이 고문이 다반사로 행해지던 시절이라면 당연히 확인이 필요한 것 아닌가.

내 선친도 변호사로서 정치를 했지만 50세가 넘으면 정치활동을 하지 말라고 당부하시곤 했다. 정치가 아니더라도 국가에 봉사할 일이 많다는 것이 그 분의 생각이었기에 필자는 정치와 일정한 거리를 두고 살아왔다. 그러나 판사 노릇을 할 때는 소위 민주화 운동을 하는 학생들에게 박정희 앞잡이라는 욕을 먹고 변호사 시절에는 동시통역을 해주고 민주화 운동을 도왔다며 비난을 받았다.

나는 한국 사회에서 지식인으로 어떻게 살아야 할지 고민할 수밖에 없었다. 나 나름대로 변명도 하고 싶고, 한국 사회 지식인의 고충도 털어놓고 싶었다. 그래서 지금 이 글을 쓰고 있는 건지도 모른다.

Legal Mind

5장
우리 사회와 권력의
그늘

Legal Mind

권력이 있는 곳엔 언제나 어두운 그늘이 생기는 것일까. 돌이켜보면 독재시절을 거치며 살아온 나로서는 적지 않은 사회적 모순들을 겪지 않을 수 없었다. 그것을 통칭하자면 '권력의 그늘'이라고 불러야 하지 않을까. 당시 나로서는 해결하기 어려웠던 문제와 부딪히며 고심했던 힘든 기억들을 모아보았다.

권력의 그림자들

조세 낭비를 막지 못한 S 씨 사건

필자는 1980년 중반부터 감사원 정책자문위원이라는 이름으로 10년 넘게 감사원 고문변호사를 맡았다. 감사원의 최대 현안은 국가의 돈을 지출한 결산 결과를 감사·보고하는 일이다.

감사원을 독립된 기구로 둘 것인가와 감사업무를 어느 선까지로 정하느냐에 대해서는 논쟁이 있지만 우리나라 경우엔 대통령 직속기관으로 자리하고 있다. 국가의 예산집행이나 결산에 대해 감사하다 보니 국세청의 업무와도 밀접한 관련이 있다.

감사원에서 필자가 맡은 업무는 조세 담당 고문변호사로, 당시 2국 담당 변호사로 활동하고 있었다. 이 이야기는 그 시절 일선에서 겪은 기막힌 기억이다.

장관을 지낸 S씨는 전직 고위관료였다. 그는 서울시에 많은 땅을 가지고 있었는데 그 중 일부에 도로가 나게 되자, 정부에서는 적법한 절차에 따라 토지보상금을 책정하고 이를 찾아갈 것을 통지서를 통해 고지했다. 아마도 이승만 정권 때의 일로 생각된다.

보상금을 찾아가지 않고 있던 S씨는 뒤늦게 통지서를 못 받았노라 이의신청을 제기했다. 1공화국 때의 일을 전두환 대통령 때에 가서 문제 삼은 것이다. 그때만 해도 정부의 행정처리가 어수룩하던 시절이라 그가 돈을 찾아가지 않으면 공탁을 걸어놨어야 하는데 그러지 않은 것이 큰 실수였다.

S씨는 감사원에 투고를 넣어 이 일을 바로잡아 달라고 요청했다. 2국 담당 변호사였던 필자는 이 문제를 검토한 끝에 토지보상금을 1공화국 당시 지가 결정 가격에 현행 은행금리를 적용하여 이자를 붙여주는 방법을 조언했다.

그러나 1공화국 때 지불했어야 할 보상금을 5공화국 당시의 지가로 환산하여 보상해주도록 최종결정이 났다. 이자만 보태주면 10억이면 해결될 일을 100억이나 주고 마무리한 셈이었다.

세금이 크게 낭비됐으니 누군가 책임을 져야 했지만, 국민의 혈세만 날아간 꼴이 되고 말았다.

실질 소득에 과세가 누락된 한보 사건

민족자본으로 세워진 화신백화점이 문을 연 것은 1931년이다. 화재로 인해 재건축되면서 한때 서울의 중심으로 이름을 날렸지만, 1987년 건물이 헐리면서 현재는 종로타워가 들어서 있다.

1980년대 중반 서울시는 건물이 너무 낡았다는 이유로 화신백화점을 재개발사업단지로 공고했다. 그런데 재개발사업권자로 선정된 한보가 재개발을 하는 대신 300억 원의 돈을 받고 삼성물산에 사업권을 넘겨버렸다.

그 당시 재개발사업법에 의하면, 재개발사업권자가 능력이 없으면 새로이 지정하게끔 되어 있었다. 그러나 서울시는 사업권 양도를 승인하는 조건으로 재개발사업권을 바꿀 수 있다고 조례까지 바꾸었다. 특정 기업을 위해 그런 일을 벌인 것도 어이없는 노릇이나, 더 큰 문제는 조세 쪽에서 불거졌다.

도대체 이 경우 한보가 받은 300억 원에 대해 과세를 해야 되느냐 마느냐 하는 문제가 제기되어 자문을 구하는 요청서가 들어왔다.

서울지검 최초로 사이버범죄 수사반장을 지냈고 지금은 유명 로펌에서 변호사로 활약하고 있는, 당시 우리 사무실의 연구관이었던 Y씨는 우리 소득세법상의 소득은 그 법률에 열거하고 있는 소득에 한정되는데, 프리미엄을 받고 재개발사업권을 양도한 소득은 소득세법상에 규정하고 있는 소득의 범주에 속하지 않으므로 세금을 부과해서는 안 된다고 주장했다.

필자의 생각은 달랐다. 소득이 발생한 이상 실질적인 과세가 행해져야 한다고 판단했다. 그러나 입법 미비 사안이라는 이유로 결국 그 건에 대한 과세는 이루어지지 않았다. 그것이 과연 옳은 결정이었을까.

출제위원 선임조차 좌우하는 정치적 변수

지난 시절을 돌이켜보면 정권마다 권력의 그늘이 있었다. 정권을 잡은 대통령은 개혁을 외치며 고삐를 잡아채지만 그 이면에는 늘 그늘이 자리 잡기 마련이었다.

김영삼 전 대통령은 경남중학교 선배이자 우리 선친과도 친했다. 선친께선 스스로 정치계에 몸담은 뒤 나이 오십이 되면 남자는 정치를 하지 말아야 한다고 당부했다. 나는 그 말씀을 한 번도 잊지 않았다. 그런데 평생 민주주의를 외치던 김영삼 전 대통령이 정권을 잡자 패거리 정치를 하는 모습을 보며 가슴이 답답했던 기억이 난다.

필자는 1991년부터 1995년까지 사법시험 출제위원을 맡았다. 개업 변호사다 보니 출제기간 중에 격리되어야 하는 주관식 출제는 맡기가 곤란하여 사법시험 중 섭외사법涉外私法, private international law, the conflict of law의 출제를 담당하기로 했다.

섭외사법은 지금은 국제사법으로 불리기도 하지만 설명하기가 그리 간단하지 않다. 국적이 다른 개인과 개인, 국적이 다른 개인과 단체가 충돌하게 되었을 때 어떤 법을 적용하는 것이 옳은가 하는 문제를 다루기 때문이다.

예를 들어 미국의 경우 고속도로에서 지켜야 할 규정속도는 시속 60마일, 캐나다는 시속 65마일이다. 그런데 미국인이 캐나다에서 65마일로 달리다 교통사고를 내는 바람에 사람을 죽였다면 미국 법원은 피고에게 미국의 규정속도 위반을 적용하여 처벌할 수 있을까.

또 우리나라 사람이 미국 유학 중에 미국 주식을 샀다고 하자. 그런데 미국에서 이 주식이 상장과정에서 절차를 위배해 주식 발행이 잘못되었다고 결정이 났다. 이 경우 한국에 돌아온 그가 주가 하락에 대한 손해배상을 청구할 수 있을까. 이 두 가지 사례 모두 섭외사법의 영역에 해당된다.

결론은 이렇다. 규정속도는 자동차를 운행한 나라의 법을 적용시키면 된다. 또 주식 문제는 주식을 산 나라의 법률을 적용하도록 되어 있다. 앞의 경우라면 미국에서 주식을 샀기 때문에 한국에서도 미국 법을 적용해야 한다.

이런 일련의 규정을 정하는 것이 섭외사법이다 보니, 문제를 제대로 해결하기 위해서는 아무래도 복잡한 국제법에 해박해야 한다.

당시 섭외사법은 미리 선정한 1,000 문제 중에서 당해연도의 문제를 뽑는 문제은행 방식을 따르고 있었다. 이에 시험의 변별력을 높이고자 세 사람의 출제위원 외에 필자가 추가로 문제를 뽑았고, 총무처의 요청에 의해 필자가 10문제를 출제하여 문제은행에 편입시켰다.

필자는 또한 국제사법권에 대해서도 공부해온 터라 외교관 사무관 시험(외무고시)에서도 1년간 출제위원을 맡았다. 적어도 국제사법 분야에선 법조계의 전문가로 통했다는 뜻이다. 따라서 출제위원을 맡기까지 누군가의 도움이나 압력을 개입시킬 이유가 없었다. 단지 총무처에서 장관 명의로 추천을 받아 출제를 맡았을 뿐이다.

그런데 김영삼 정권이 들어서자 감사원에서 어떻게 출제위원이 되었는지 해명하라는 요구가 나왔다. 기가 막혔다. 왜 출제위원이 되었는지를 어떻게 해명하란 말인가. 여하튼 속일 것이 없어 있는 그대로 경위를 설명했다.

그 해명이 어떻게 전달되었는지는 모른다. 하지만 전혀 생각지 못한 결과가 나왔다. 곧바로 출제위원에서 해촉당하고 만 것이다. 제출하지 않으면 문책당할 수 있다고 해서 작성한 경위서로 인해 해촉을 통보받다니, 어이가 없었다.

요컨대 그들은 내가 실력도 능력도 없이 출제위원을 맡았다고 판단하고 감사를 했던 것이다.

억울하고 답답한 일이었지만 누구에게 하소연할 것인가. 나는 그저 변호사로 돌아가면 될 일이라 생각하고 당시의 모욕을 참고 지나갔다. 그러나 패거리 정치의 단면을 들여다본 나로서는 입맛이 씁쓸한 것이 사실이었다.

법조계의 구조적 문제들

김영삼 정부 시절 사정비서관은 업무영역이 너무나 방대해 사실상 비서실장과 다름없었다.

범죄수사는 물론이고 정부가 투자한 은행이나 공기업 사장과 임원에 대해서도 여러 가지 조사를 벌여 대통령에게 보고했다. 심지어 경무관 심사, 군인들 중 장성 대기자들에게 별을 다는 군 인사에도 개입을 했으니 그야말로 막강한 자리였다.

그런데 그 시절 법조계에 절대적인 인사권을 휘두르는 사정 비서관 자리에 검찰총장과 같은 고등학교 출신의 인물을 배정하는, 말도 안 되는 일이 벌어졌다.

수사를 책임지는 검찰총장 위로 같은 고등학교 출신을 올려서 사정이 제대로 이루어질 수 있다고 본 것일까. 그뿐이 아니었다. 법무부 장관까지도 한 고등학교 출신이었다.

당시 법률수사 행정이 어떠했는지는 불 보듯 뻔한 일이다. 수사의 독립성은 애초에 바랄 수조차 없었다. 문민정부 시절 있었던 웃지 못 할 이야기 가운데 하나다.

권력 이면의 어두운 세력들

사회범죄의 출발이자 연장인 군범죄

지금의 사법연수원에서 군대에 입대하면 군법무관*으로 일하게 된다. 군법무관은 실제 그 업무가 잘 알려져 있지 않으나 군대라는 한정된 범위 안에서 판검사 업무를 맡고 있는 법조인이다. 군대 내에서 제일 많이 발생하는 범죄는 군대 내 폭행, 휴가 시 저

■ **군법무관** | 육··해·공군의 법무과 장교를 말한다. 임용 자격은 사법시험에 합격해 사법연수원의 소정과정을 마친 사람, 판검사 또는 변호사 자격이 있는 사람과 군법무관 임용시험에 합격한 이들로 구성된다. 군판사로 임명된 군법무관은 군사법원의 재판관으로서 보통군사법원과 고등군사법원을 주재하며, 헌법과 법률에 따라 독립적으로 심판한다. 또 검찰관으로 임명된 군법무관은 공소를 제기하고 재판집행의 지휘감독을 맡는다.

지르는 사고, 그리고 군대 보급품이나 기물을 팔아먹는 행위 등을 들 수 있다.

가난하던 시절의 이야기다. 필자가 군에 있을 당시는 가장 열악하고 힘든 곳이 바로 군대였다. 전방부대에서는 주로 배추나 소고기, 돼지고기 등을 외부에서 납품받아 군인들에게 배식한다. 그런데 이를 관할하는 참모장이 쇠고기 등 부식자재를 횡령하는 일이 적지 않았다. 그 바람에 사병들은 건더기는 찾아보기 힘든 고깃국으로 허기를 달래야 했다.

필자는 겨울이면 으레 영하 10도 이하로 기온이 떨어지는 강원도 7사단에서 복무했다. 그곳 일반전초GOP 부대인 209 GP는 이북 초소와의 거리가 1km 남짓밖에 안 돼, 적군의 위치와 움직임이 육안으로도 다 보였다. 군법을 가르치는 군법무관 신분이었지만 209 GP를 방문할 때마다 같은 민족끼리 왜 이렇게 대치하나 싶어 슬픔이 밀려왔다.

당시는 남한 병사와 북쪽 병사들이 경계선에서 만나 씨름도 하고 선물도 주고받으며 술과 담배를 나누던 시절이었다. 그러나 김신조 등의 청와대 습격 사건 이후 군 당국의 허가 없이 북한 병사와 내왕하면 반공법 위반으로 처벌을 면치 못하게 됐다.

그 후 필자는 1군 법무관실에서 2군수 기지사령부로 발령을 받았다. 6개 사단의 군복에서부터 기름, 그 밖의 부식까지 모두 취급하는 부대였다. 그러다 보니 군수품을 빼돌리는 범죄도 상당히 많았다.

전방에서 차량과 전차가 움직이려면 기름이 많이 필요하다. 그런데 보급 담당자들이 휘발유를 차떼기로 해치우다 걸려들곤 했다. 기름이 각 부대에 배달되는 과정에서도 범죄가 적지 않았다. 휘발유를 드럼통에 넣어 햇볕에 두면 부피가 늘어난다. 이를 악용해 80%만 채운 드럼통을 햇볕에 놓아두어 규정량을 채우고 나머지 20%씩의 휘발유는 빼돌려 팔아치우는 식이었다.

판초우의와 군화 등 군인들 소모품과 비품 등도 범죄의 대상이었다. 의정부 시내로 나가기만 하면 손쉽게 처분할 수 있던 시기였다.

하지만 가장 큰 골칫거리는 탄피였다. 미군은 탄피의 80%를 회수하도록 하는 데 반해 우리는 90% 이상을 회수하도록 되어 있었다. 미군의 경우 실탄사격을 하고 난 탄피는 부평에서 탄피를 수거하는 부대로 보내졌다. 그런데 탄피의 황동, 일본어로 신쮸라 부르는 놋쇠는 한국인이 아닌 일본에 팔곤 했다.

그런데 한국 군인들 중에도 탄피를 통해 돈을 챙겨오다 적발되는 사례가 발생했다. 조금씩 빼돌린 탄피를 싣고 의정부에서 서울로 나가다 보면 검문소를 서너 군데씩 거치게 된다. 하지만 검문소에서 이런 범죄를 일일이 잡아내기란 사실 쉬운 일이 아니다.

그런데도 탄피를 빼돌리던 장교들이 곧잘 검문에 걸려든 데에는 그럴 만한 이유가 있었다. 이들 장교들은 빼돌리는 탄피에 가격을 더 처주겠다는 장물애비가 나타나면 돈을 더 벌겠다는 욕심에 업자를 바꾸곤 했다. 그러면 먼저 탄피를 샀던 장물애비가 신고를 해서 발각되고 마는 것이다.

그렇게 적발된 중령급 병기 대대장들은 군법회의에 회부돼, 이등병 제대를 맞고 퇴직금도 한 푼 받지 못했다. 이에 군법무관들이나 상사들은 군법회의에 가급적 회부하지 않기 위해 손을 쓰곤 했다. 압수된 탄피만큼 돈으로 쳐서 보내면 육군본부에 전역 지원서를 내서 권고사직을 시켰다.

문제는 거기서 그치지 않았다. 심지어 콩나물을 납품받는 과정에서도 부정이 저질러졌다. 콩나물 100가마를 받는다고 치면 80가마만 받고 나머지 20가마만큼 나눠 먹기를 하는 식이었다. 군대에도 감사팀이 있었지만 콩나물을 일부러 2~3cm 길게 키워 100가마처럼 보이게 하는 바람에 적발하기가 쉽지 않았다.

그렇게 빼돌린 돈을 어디다 썼는지 조사하자 사단의 한 참모가 군단장을 모시고 낚시질을 가면서 콩나물 판 돈을 접대비로 썼음이 드러났다. 군 인사 때 좋은 보직을 받아 진급하기 위해 초밥과 술을 대접한 것이다.

가난하던 시절의 부끄러운 범죄들이었다.

군에까지 영향을 미치는 권력가들

당시에는 군대에서 아주 높은 사람들의 가족이나 사위들은 1년만 복무한 후 신병身病을 핑계로 일찍 제대하는 일이 간혹 발생했다. 필자가 기억하는 이들만 해도 여럿이다.

노태우 전 대통령 시절의 P 씨는 친인척의 혜택을 톡톡히 본 사람이다. 그는 1년 만에 제대하고 검사 발령을 받았고, 장인이 청와대에서 근무하고 있던 S 씨도 1년 만에 군대를 나갔다. 검사를 하다 국회의원을 지낸 K 씨의 장인은 별 세 개를 달고 모 부대 기지사령관을 했던 장군이다. 그도 신병을 이유로 1년 만에 제대하였다.

당시 군법무관은 모자라는 인력을 채우기 위해 신체검사도 안 하고 무조건 입대를 시키던 시절이었다. 그런데도 소위 백이 있는 사람들은 무슨 핑계를 대서라도 1년 만에 군대를 마쳤다. 권력의 그늘 아래서 벌어진 일이었다. 만기를 채우고 나가야 하는 힘없는 군인의 입장에선 이를 갈 일이었지만 항의할 곳마저도 없었다.

군대 밖 사정도 다르지 않았다. 앞서 언급한 S 씨의 경우 후일 청와대 요직에 근무할 때 결혼축의금만 4억 원이 들어왔다는 이야기가 나돌았다. 치안국장을 지낸 H 씨의 아들은 결혼축의금이 4천만 원에 달한다는 소문이 들렸다. 74년 현직판사로 결혼한 내 결혼식의 축의금은 410만원이었다.

100대 10대 1의 비율. 결혼축의금만 봐도 한국의 권력서열을 짐작할 수 있는 상황이었다. 판사는 한국에선 그래도 내로라하는 자리다. 당시 평범한 시민이라면 축의금이라고 해봐야 100만 원도 채 되지 않았을 시절이다.

한국 사회의 비뚤어진 자화상 가운데 하나였다.

우리 법조계가
반드시 고쳐야 할 세 가지

법조인, 사건보다 윤리가 먼저다

법조인에게 윤리는 기본 요건이다. 기본을 지키지 못하면 사회의 문제가 되고 법조인끼리도 피해를 주게 된다. 필자가 법조계에서 일하면서 느꼈던 문제점을 고해하듯 풀어볼까 한다.

먼저 의정부 지청에서 있었던 일이다. 80년대 후반, A씨가 공갈로 구속되는 사건이 있었다. 그는 속칭 해결사로, 궂은일을 해결해주고 수수료를 챙기는 독립 자영업자였다. 빌려준 돈을 받지 못한 의뢰인의 일을 맡아 채무자에게 공갈을 치고 이자도 약

정보다 많이 부르는 등 못살게 굴었던 모양이었다. 채무자는 견디다 못해 경찰서에 신고해 억울함을 호소했다.

받을 돈이 많지 않은 데다 이리저리 인적 네트워크로 알게 되어 착수금 500만원을 받고 변호를 맡기로 했다. 그런데 A씨에게 동일전과가 있다는 사실이 밝혀졌다. 법원에서는 돈 받을 사람과 합의를 하도록 권했다.

판사를 만나봤더니, 집행유예는 곤란하다며 동일전과를 이유로 10개월의 실형을 선고했다. 필자가 보석을 신청했으나 항소심에서 기각되고 말았다. 변호사로서 일이 원만하게 풀리지 않은 점은 딱한 일이었으나 본인의 동일전과로 인한 기각처리라 손쓸 도리가 없었다.

그런데 필자가 변호했던 사건 담당 부장판사가 그 사이 옷을 벗고 변호사를 개업했다. 더 놀랄 일은 그 다음에 벌어졌다.

어느 날 출근했더니 내게 변호를 의뢰했던 A 씨가 언제 풀려났는지 사무실을 찾아와 떡하니 앉아 있었다. 이미 통닭에 소주 한 병을 마신 그는 거만한 얼굴로 내게 이렇게 말했다.

"나 보석으로 풀려났소. 당신이 안 된다는 보석을 받아서 이렇게 나왔으니 내가 준 착수금은 돌려주시오."

이게 무슨 뚱딴지 같은 소리인가 싶었지만 그가 풀려난 경위는 나중에 알아보기로 하고 그를 설득했다. 세무서에 신고해서 이미 세금도 냈고, 실제비용이 들었으니 전부 돌려줄 순 없다, 반만 돌려주면 어떻겠느냐 했더니 사무실에서 소리를 지르고 횡포를 부리는 것이었다. 그래서 하는 수 없이 500만원 전부를 돌려주었다.

필자는 전과 때문에 보석이 안 된다던 사람이 도대체 어떻게 풀려났는지 곧바로 조사해보았다. 그 내막은 그저 놀랍기만 했다. 해당 사건의 담당 부장판사가 옷을 벗고 변호사를 개업하면서 자신이 보석을 기각한 A 씨 사건을 맡아 다시 보석을 신청한 것이다. 게다가 부장판사 출신이 보석을 신청하자 재판부가 이를 받아들였다.

법은 이래서는 안 된다. 담당판사가 변호사를 개업해서 같은 사건의 변호를 맡는다는 것은 아무리 좋게 생각해도 모럴 해저드moral hazard라는 생각밖에 들지 않았다. 그것은 변호사 윤리에도 어긋나는 일이었다.

한 해에 변호사로 나오는 사람이 뻔해서 그들 대부분은 대학 선후배나 지인으로 엮이는 경우가 많다. 그렇게 금방 다 알게 되는 사이인데도, 자신이 직접 판결한 사건을 변호하는 웃지 못할 일을 벌이다니……. 사실 이런 일은 필자만 당한 것이 아니라 다른 변호사들도 흔히 겪는 일이다. 솔직히 말해 이런 문제가 지금은 사라졌노라 장담하긴 어렵다.

판결을 움직이는 보이지 않는 손

사실 필자는 4년 전부터 사건을 많이 맡고 있지 않다. 그 전에는 형사사건과 함께 1년에 300~400건의 민사소송을 진행하던 시절이 있었다.

민사소송의 경우 의뢰인에게 사건을 의뢰받아 검토를 하다 보면 이 사건은 이기거나 질 거라는 예측이 어느 정도 가능하다. 그러나 형사사건은 다르다. 대개 예측이 불가능한 사건은 주로 성性과 관련된 범죄와 가족사와 관련된 형사문제이다. 그런데 민사소송 중에도 변호사가 예측하기 힘든 사건이 있다. 바로 부동산에 관련된 사건이다.

민사사건의 경우 1년에 2~3건은 필자의 예측과 다른 결과가 나오곤 했는데, 하나같이 부동산 사건이었다. 그중에서도 문중에서 일어나는 재산싸움인 종중 사건이 그랬다.

종중 재산을 보호하는 방법에는 서너 가지가 있는데, 첫째는 정식 종중을 만들어 종중 명의로 부동산 등기를 하는 방법, 두 번째로 장남에게 종중 재산을 상속하는 경우가 있다.

문제는 장남의 개인명의로 종중재산이 내려왔을 때 장남 중 하나가 그것을 팔아먹는 경우가 종종 있다는 것이다. 이럴 경우 종중 재산을 개인 재산으로 볼 것인가 아닌가 하는 점이 판결의 관건이다. 하지만 이에 대한 통일된 관례가 없다.

필자는 이러한 종중 사건과 관련된 서너 건의 일을 맡아 불행하게도 패소라는 결과만 얻었다. 무슨 이유에서일까. 법률전문가인 나조차 아직 명확한 해답을 찾지 못하고 있다.

도박장에도 공정한 법집행이 필요하다

과거 우리나라에서 공인된 도박장은 서울의 경우 워커힐밖에 없었다. 외국인 전용이지만 경우에 따라 우리나라 사람도 게임을 즐길 수 있었다.

87년도로 기억된다. 도박게임 가운데 하나인 블랙잭에 관한 한 최고로 손꼽히는 미국인이 워커힐을 찾아왔다. 그는 미국 내 카지노에 출입이 금지될 정도로 전문적인 도박꾼이었다.

지금은 한국에서도 전문적인 도박꾼들의 사진을 확보하여 입장을 금지시키지만 그때는 관리가 허술하던 시절이었다. 그 미국인은 인도네시아 여인을 데리고 나타나 2, 3일간 블랙잭에 매달려 무려 50만 달러 정도의 돈을 땄다. 당시로서는 정말이지 큰 돈이었다. 문제는 환전이었다. 한국 돈을 받았으니 환전을 해야 하고 달러로 바꾼다 해도 공항에서 거액의 돈을 들고 나가려면 노름으로 땄다는 증빙이 필요했다.

남자는 워커힐 측에 도박게임으로 돈을 땄다는 증명을 요구했으나 호텔 측은 당시 법으로는 불가능하다며 이 요구를 거절했다. 그러자 미국인 도박사는 남대문시장을 찾아가 한국 돈을 환전한 다음, 여자와 각각 20만 달러씩을 허리에 몰래 차고 출국을 시도했다. 결국 남자는 무사히 출국했으나 여자는 세관에 걸려 외화밀반출 혐의로 구속이 되고 말았다.

여자는 외국의 호텔에서는 도박으로 돈을 따면 출처를 증명해줘 환전할 수 있는데 한국의 도박장에서는 무조건 돈을 잃기만 하라는 것이냐며 따졌다. 이 사건을 맡은 필자는 심사를 맡은 서울지부 공안부에 상황을 설명했다. 그러나 담당검사 말이 법률이 바뀌지 않는 한, 기소할 수밖에 없다고 했다.

필자는 하는 수 없이 인도네시아 대사관에 연락했다. 상대는 1등 서기관이었다.

"당신네 국민이 한국의 잘못된 법적용으로 불필요한 고생을 하게 되었습니다. 대사관에서 한국 외무부나 법무부에 어필하면 해결할 수 있을 겁니다."

그러자 인도네시아 측 서기관은 구속된 사람에게서 돈을 좀 받아야 움직일 수 있을 것 같다고 답변했다. 당시 동남아 및 중남미 일부 국가 대사관은 한국에 있는 자국민에게 문제가 생겼을 경우 돈을 받아야 움직이는 것이 관례였던 모양이다. 나는 인도네시아 대사관 측에 자국민이 잡혀 있는데 돈타령을 하고 있냐며 화를 냈다.

그런데 그 무렵 인도네시아 대사관과 한국 정부 사이에 진행 중인 협정 하나가 있었다. 인도네시아 앞바다에는 새우가 많이 잡히는데, 세계에서 이 새우를 가장 많이 소비하는 나라가 일본과 한국이었다. 마침 새우를 잡을 때 한국에 배당하는 쿼터량*을 늘리기로 외교교섭 중이었던 것이다.

필자는 인도네시아 서기관에게 해결방법을 슬쩍 흘려주었다. '한국 정부가 인도네시아 국민을 이렇게 부당하게 대우하면 쿼터량을 못 늘리겠다'고 으름장을 놓게 한 것이다. 그러자 얼마 뒤 검찰총장이 이 사건의 담당변호사인 나를 만나보고 싶어 한다는 이야기가 들려왔다.

변호사가 검찰총장까지 만날 일이 있을까 싶어 담당검사를 찾아갔다. 나는 시치미를 떼고 인도네시아가 이 문제를 외교 문제화하려는 것 같다고 귀띔해주었다. 그랬더니 담당검사가 어떻게 해드리면 되겠는지 물으며, 아울러 외국인들이 한국에 와서

■ **쿼터제** | 어장에서의 어획량을 제한하는 매매 가능한 어획 쿼터 혹은 어획권 제도를 말한다. 나아가 각국 정부는 붕괴 가능성이 보이는 특정 해역에서의 상업적 활동을 전면 금지하고 그 수역을 보호하고 있다.

도박을 즐기는 데 있어 개선할 점이 무엇인지 연구해서 방법을 알려달라고 요청했다. 그러면 검찰총장한테 이야기해서 문제도 개선하고 여자도 풀어주겠다고 했다.

사실 한국 정부가 할 일은 도박을 통해 딴 돈에 과세기준만 정해주면 그만이었다. 그 결과, 일이 잘 풀렸다. 필자가 낸 개선안이 관계기관대책회의에서 통과되어 외국인 도박 관련 민원이 상당 부분 개선되었다. 우연한 사건으로 도박산업의 글로벌화에 일조하게 된 셈이다.

인도네시아 여성은 결국 석방되었지만 20만 달러는 몰수당했다. 도박 전문가가 획득한 돈이라 선택의 여지가 없었다. 다만 그녀가 자발적으로 포기하는 것으로 해달라고 부탁해서 각서를 쓰고 벌금 1,000만 원에 20만 달러를 포기한 다음 풀려날 수 있었다.

그 여성이 석방된 후 2년이 지나 예의 그 미국인이 한국으로 들어왔던 모양이다. 한국의 K 변호사 사무실에서 전화를 걸어와 그들에게 20만 달러를 몰수한 것은 부당하지 않느냐며 강요에 의해 각서를 써준 것을 확인해달라고 요청했다.

필자는 요청을 거절했다. 다른 나라 같으면 출입 자체가 불가능한 도박 전문가인데, 그만하면 됐지 싶었다. 그래서 더 이상 소송으로 진행되지 않은 것으로 안다.

Legal Mind

6장

국세심판원, 9년간의 보람과 긍지

Legal Mind

필자는 생애 가운데 오랜 세월을 국세심판원의 비상임심판관으로 근무하였다. 그 당시 내가 할 수 있는 역량을 최대한 발휘해서 조세 문제를 합리적으로 정리하고자 애썼다. 그 피땀 어린 노력으로 우리 사회의 조세정책과 법적기반이 이만큼이라도 공고해졌다는 사실에 보람과 긍지를 느끼곤 한다.

조세개혁에 대한 도전과 열정

보수보다 역할을 중시하다

필자는 2000년 1월부터 6년간 국세심판원 비상임심판관으로 일했다. 그 후 1년간 잠시 휴식을 가진 뒤 2006년부터 다시 3년간 국세심판관을 맡았으니, 만 9년간 모든 경륜과 지식을 이곳에 쏟아부은 셈이다. 국세심판원의 중요한 결정과 제도 정비에 한몫을 했다고 자평해도 지나치지 않으리라 생각한다.

국세심판원은 현재 조세심판원*으로 개칭되었지만 기능은 크게 달라지지 않았다. 국세심판원과의 인연은 당시 국세심판원장이 외부 추천을 받아 내게 전화를 걸어오면서 시작됐다. 그는 필자가 국제조세 쪽에 경험과 전문지식이 있다 하여 도움을 청한 것이었다.

변호사로서의 본업을 접어두고 일주일에 한 번씩 꼬박꼬박 나가봐야 한다는 것이 여간 성가시지 않았지만 그럼에도 국세 업무에 묘한 매력을 느꼈다. 보수를 따지자면 할 일이 아니었다. 그렇지만 당시 미흡했던 조세환경을 정비하고 개혁하는 데 도움이 될 수 있으리라는 희망과 기대로 결국 일을 맡게 되었다. 변호사라는 외부직과 심판원으로서의 임무를 동시에 수행하게 된 것이다.

그러나 막상 부딪혀보니 제도적으로 미흡한 점이 한두 가지가 아니었다.

우선, 일반 국민이 세무서에서 부과한 국세에 대해 이의를 신청하려면 법원에 가기에 앞서 세 군데의 창구에서 민원을 신청할 수 있다. 하나는 국세심판원, 또 하나는 감사원, 마지막으로는 국세청 본청에서도 곧바로 이의신청이 가능하다.

■ **조세심판원** | 부당하고 억울한 세금으로부터 납세자를 보호하기 위해 과세관청으로부터 독립된 납세자 권리구제기관. 1975년 국세심판소로 발족하여 2000년 1월 국세심판원으로 변경되어 재정경제부 장관 산하에 소속되어 있다가, 2008년 2월 정부조직 개편에 따라 행정자치부에 소속되었던 지방세심판위원회와 통합하여 국무총리에 소속된 기관으로 신설되었다. 심판부는 6명의 상임 조세심판관과 교수·변호사 등 조세 분야의 민간 전문가들로 구성된 14명의 비상임 조세심판관으로 구성된다.

결론부터 말하자면 이런 구조에는 상당한 부작용이 따르므로 당연히 하나의 기구로 통합시켜야 옳다. 그러지 않고 민원창구를 세 군데로 분리·운영하다 보면 법률해석과 세무서 및 국세청에 대한 법률지도라는 측면에서 충돌이 생길 수밖에 없다. 세 기관의 결정이 서로 상충되는 경우에는 문제가 더욱 심각하다.

국세심판원의 구성원들을 현재처럼 행정부처에 이사관급으로 두는 문제도 재고할 필요가 있다. 일본은 국세심판원의 원장을 법원장급의 판사로 정하고 부원장까지만 공무원으로 배정하고 있다.* 독립적이고 객관적인 판단을 하기 위해서다.

우리나라에 적용할 수 있는 대안 가운데 하나는 국세심판원을 준사법기관으로 삼는 방법이 있다. 예민하고 신중한 문제이긴 하나 이를 적극적으로 고려해볼 시점이 되었다.

돌이켜보면, 필자는 일찍부터 조세 문제에 관심이 많았다.

■ **일본의 국세심판원** | 일본은 국세청 내에 심판원을 두고, 1개의 본부와 12개 지부, 7개 지소를 배정하고 있다. 아울러 공무원이 아닌 일반인 신분으로 200명의 심판관과 부심판관을 두고 있다. 이는 조세에 대한 일반 국민의 민원을 그만큼 독립적으로 관리하려는 의도에서이다. 2008년 시점에서 조세심판원의 심판 건수는 5,316건으로 국세 4,565건, 지방세 751건에 달하며, 심판청구 사건의 평균 처리기간은 180일 정도로 법정 처리기한인 90일의 두 배에 이르고 있어 민원의 효과적이고 객관적인 처리 요청이 그만큼 증대되고 있다고 볼 수 있다.

심지어 대학시절 유행처럼 번졌던 민주화 운동에 대한 열의도 조세에 대한 관심을 따라잡진 못했다. 민주화 운동이란 결국 전 국민이 잘살고 법률적으로나 조세에 있어 균등한 사회를 만들려는 시도이다. 그런데 학생들이 문제를 제기하는 사회적 이슈들은 대부분 국가의 조세정책으로 해결이 가능하다는 생각이 들었다.

예컨대 교육의 평등을 이루려 한다면 높은 등록금 문제와 우골탑으로서의 대학입학 문제를 해결하기 위해 대학 역시 무료교육을 시키는 방법이 최선이라고 생각했다. 물론 전 세계 선진국 가운데서도 대학교육의 기회까지 무료로 제공하는 나라는 거의 없는 줄 안다. 그러나 제도적으로 지원책을 준비해준다면 충분히 실현할 수 있지 않을까.

머리 좋은 학생이 돈이 없어 대학에 진학하지 못한다면 장학금을 주거나 등록금을 빌려주고 평생 갚도록 하면 된다. 지금도 이미 어느 정도의 제도적 지원이 있는 것으로 알고 있지만 아직은 공급이 수요를 따라가지 못하고 있는 실정이다.

하지만 서민이나 빈곤계층에 있어 교육의 기회는 무엇보다 중요하다. 그들이 지금 처한 현실에서 올라설 수 있는 방법은 로또 복권에 당첨되는 것이 아니라 교육을 제대로 받는 길뿐이다.

한편 그 밖의 사회문제들 역시 조세정책을 활용하면 해결 가능하다는 것이 필자의 판단이었다. 굳이 기존의 체제를 엎어버리지 않더라도 우리나라가 부강한 나라가 되어 세금으로 국가를 제대로 운영해간다면 사회적으로 민감한 이슈들을 대부분 개선할 수 있으리라 보았다.

문제는 한국에서는 세법에 대한 제대로 된 교육을 받을 수 없다는 데 있었다. 그래서 건너간 미국의 경우 대학원과 학부 학생 모두에게 세법 교육의 기회가 상당히 열려 있었다. 특히 로스쿨의 뛰어난 두뇌들은 대부분 세법을 진지하게 공부하고 있었고, 공부하는 과목도 개인소득세법, 법인소득세, 상속증여세, 국제조세법 등을 망라했다.

필자도 그 정도 분야는 알아야 미국 사회에 대한 진단도 가능하고 한국에 돌아가 미국에서 배운 것을 쓸 수 있겠다 싶어 그때부터 죽어라 세법 공부에 파고들었다.

그 결과 어느 정도 전문가가 되어 한국으로 돌아왔지만, 개업한 지 1년 반 동안은 일이 많지 않았다. 그렇다고 세법을 공부하고 온 변호사가 형사사건이나 민사사건을 맡는 것은 앞뒤가 맞지 않는 것 같아 미국의 공정거래법, 미국의 세법 등에 대한 글을 쓰며 때가 무르익기를 기다렸다.

얼마 후 사회가 발전하고 경제가 성장함에 따라 미국 세법에 대한 수요가 폭발적으로 증가하기 시작했다. 이후 〈매일경제신문〉에 글도 싣고 여러 곳에서 조세 문제에 대한 견해를 문의해오는 등 전문가로서의 위치를 점차 다지게 되었다. 국세심판관이라는 직책도 결국 이런 경험과 학습의 결실로 얻어낸 소중한 기회였다.

필자는 이후 대법원의 조세에 관한 잘못된 판결을 검색하고 조사하여 잘못을 바로잡기 위해 노력했다. 대법원 판결에 깊이 천착하여 20년 가까이 판례비평*을 해온 것도 그런 노력 가운데 하나였다.

지금도 우리 법조계에선 미국 조세에 능통한 사람을 만나기란 쉽지 않다. 많은 후배들이 미국 조세법에 대한 연구를 더욱 진지하게 검토하고 공부해주었으면 하는 바람이다.

언론사 탈세 사건의 조정

조세 문제를 개선하려는 필자의 노력은 책상 위에서 그치지 않

■ **판례비평** | 사회나 국가적으로 이슈가 되는 중요한 법원의 판례가 나오면 이를 연구하고 논점과 해석과 비평을 붙이는 일을 말한다. 이런 이슈들은 사회적으로 여러 가지 논점들을 담고 있는 경우가 대부분이다. 즉, 그 판례 속에 어떤 논점들이 들어 있는지를 살피고 각각의 논점에 대해 법원은 어떤 태도를 취하고 있는지를 소개하며 법원의 태도에 대한 연구자의 견해를 싣는 것이다.

고 현실에서 일어나는 조세 사건을 조정하기 위해서도 부단히 노력했다. 특히 기억나는 사건은 언론사 탈세 사건에 대한 이의 신청 문제를 해결했던 일이다.

김대중 정부 말기에 소위 조·중·동으로 대표되는 보수신문이 정부에 너무 비판적이라는 이야기가 자주 나왔다. 그 때문인지는 모르지만 언론사 소속 주간지와 일간신문사 전체에 대해 대대적인 세무조사가 실시되었다.

일반적으로 탈세를 했다고 사주를 부르는 경우는 두 가지다. 첫째 매출을 누락하는 경우, 둘째 기업이 소득을 창출하기 위해 마케팅이나 관련 비용을 들이는데, 그 비용을 선금으로 공제해 준다는 이유로 기업이 과다한 지출이나 가공의 지출을 일삼은 경우이다.

관례대로 신문사들에 대해서도 이 두 가지에 대한 조사에 들어갔다. 그 결과 높은 금액의 세금이 추징되면서 몇 가지 쟁점거리가 불거졌다.

우선 논란이 된 것은 그 당시 독자 유치를 위해 각 신문사가 뿌리던 무가지였다. 규정상으로는 총 판매부수의 20% 범위 내에서 무가지를 발행하기로 되어 있었다. 실링ceiling(무가지 발행 한계선)이라 부르는 이 기준은 사실 문화공보부와 신문사연합이 만든 제도로, 판촉에 써도 좋다고 허용된 해당 부수만큼은 매출에서 빼고 세금을 계산하도록 되어 있었다.

그런데 이를 조사한 국세청 측이 무가지 발행량이 20%를 한참 넘었다며 추가 부수에 대한 과세를 결정했다. 즉 무가지 발행이 20%를 넘은 것을 판매비용으로 인정하지 않고 회사 소득을 밖으로 유출한 것으로 해석해, 그 부분만큼 법인소득세를 부과하고 증여 혹은 근로소득이라는 명목을 붙여 대표이사에게까지 과세하고 나선 것이다.

두 번째로 문제가 된 것은 보급소 판촉비였다. 그 당시 신문사들은 매출을 늘리기 위해 보급소 측에 장려금과 우의를 제공하고, 직원들에게는 자전거도 지급하는 것이 상례였다. 그러나 국세청은 보급소에 지출한 판촉비 역시 비용이 아닌 법인의 소득으로 인정하였다.

논란이 된 것은 그뿐만이 아니었다. 기자들의 경우 취재를 하는 데 들어가는 경비 등 증빙처리가 안 되는 지출이 많았다. 철저한 교육을 통해 영수증을 첨부하거나 교통비 대장을 적도록 해야 하지만 현실적으로는 불가능했다.

그럼에도 국세청이 이런 항목들까지 모두 뭉뚱그려 사장의 이익으로 처리하는 것이 과연 옳은가 하는 문제가 도마에 올랐다. 또한 규정으로 만들어놓은 20% 실링이라는 기준이 과연 합리적인가 하는 의문도 제기됐다. 법률적인 근거가 없는 기준이었기 때문이다. 여기에 보급소 직원들의 복지를 위한 지출마저 탈세하기 위한 비용지출이라고 보는 것은 지나친 해석이라는 지적이 나왔다.

필자는 특정 신문사들을 비호할 생각은 없었다. 그러나 민주주의 국가에서 소위 적법한 국세관리를 한다면서 근거도 없는 애매한 규정 아래 뭔가 석연치 않은 방식으로 세금을 부과하고 탈세처리를 한다는 것이 마음에 부담을 준 것은 사실이었다. 그래서 적극적으로 적법 여부를 따지고 제대로 된 세법처리를 하게 하자고 마음먹었다.

그 당시에 국세심판원의 국장은 최수열 씨, 배심원은 세무대학의 교수로 있던 오재선 교수가 맡고 있었다. 필자와 오 교수는 '권력 가진 이들이 기득권 유지를 위해 언론사 길들이기로 세무조사를 벌인 것처럼 보인다. 우리 심판원에서 납세의무자를 도울 수 있는 방법을 찾아보되, 합법적으로 의견을 개진하여 이 문제를 해결해보자'는 데 합의했다.

오 교수와 나는 언론사 탈세라고 규정된 이 사건을 일반세법으로 처리할 건지 여부부터 밝혀달라고 최 국장에게 요구했다. 그래야만 법 규정 안에서 건설적인 토론을 하고 합리적인 결론을 낼 수 있다는 생각에서였다. 이 의견을 최 국장에게 전달하자, 미리 재경원에서 논의했는지는 모르겠으나 세법에 따라 논리적으로 해결하겠다고 약속해주었다.

우리는 본격적으로 이 문제에 매달린 끝에 합리적인 이론적 근거를 들어 전 언론기관에 부과된 부당한 세금 가운데 상당한 액수를 탕감해주었다.

후일 〈동아일보〉에서는 '비화秘話, 국민의 정부'라는 기획기사를 연재하면서, 다음과 같은 내용을 소개했다.

> 2월 8일부터 시작된 국세청의 언론 세무조사는 '정권의 의도'를 충실히 반영해 착착 진행되고 있었다. 900여 명의 서울지방국세청 직원 중 400여 명을 동원해 23개 중앙언론사를 대상으로 132일 동안 실시한 세무조사가 끝난 뒤 손영래 당시 서울지방국세청장은 6월 20일 TV로 생중계된 조사발표를 통해 5,056억 원의 세금 부과 방침을 발표했다. 이 중 절반이 넘는 2,541억 원은 동아 · 조선 · 중앙일보에 부과된 것이었다. 이와 함께 동아 · 조선 등 몇 개 언론사 사주가 검찰에 고발됐다. (중략) 그러나 정권의 구상과 달리 언론 세무조사의 '약효'는 빠르게 사라지기 시작했다. 국세청이 신문의 무가지 제공을 접대비로 간주해 법인세 수백억 원을 부과한 것이 세무조사 결과 발표 한 달여 만에 국세심판원의 판결로 무효 처리됐다. 언론사 세무조사에 비판적이었던 공인회계사 M씨는 "국세청

이 발표한 추징세액은 이것저것 다 합쳐 최대한 세금을 늘린 결과"라며 "국세청이 고 정주영 회장의 대선 출마 실패 후 92년 현대그룹에 추징했던 1,361억 원의 세금이 2년 뒤 161억 원으로 줄어든 사건을 연상케 한다"며 국세청의 세무조사 자체가 무리하게 이뤄졌다고 지적했다.

결론적으로 말하자면 당시 국세청장이 무리수를 둔 것이고, 김대중 정부도 언론 길들이기를 했다는 비난을 면할 수 없었다. 얼마 뒤 과세액의 상당 부분을 신문사에 감면케 해준 것이 언론사 세무사찰 자체가 무리수였음을 반증하고 있다.

그러나 당시 국세청장은 후일 건설부 장관이 되었고 지금은 대형 로펌의 고문직을 맡고 있다. 그에게도 도덕적 책임이 있을 터인데 대형 로펌이 그를 고용한 것은 무슨 까닭에서일까.

최근 김대중 대통령의 자서전이 출간돼 베스트셀러가 되었다는 이야기를 들었다. 당시 과세 문제를 직접 담당한 나 역시도 이 책을 통해 객관적인 사실을 밝힐 필요가 있다고 느꼈다.

조세의 기본 정신과 역사

　조세에 대한 이야기를 본격적으로 꺼내기에 앞서 조세의 정의와 역사에 대해 살펴볼까 한다. 조세란 국가나 지방자치단체가 경비를 충당할 재력을 얻기 위해 반대급부 없이 일반 국민으로부터 강제적으로 징수하는 금전 또는 재물을 말한다. 나라가 생긴 이래 언제나 국민들에게 부과되어온 국민의 의무이기도 하다.
　조선시대에도 세금제도와 병역 의무가 있었다. 조세와 국방의 의무를 관리하기 위해 제도적으로 많은 정비와 개정을 거쳤지만 불행하게도 이에 대한 연구는 제대로 이루어지지 못했다. 필자는 조선시대 조세 문제에 대해 관심이 많아 관련자료와 사례를 살펴보곤 했다. 하지만 일개 변호사가 방대한 사료와 조선왕조실록 등을 혼자 연구하기란 벅찬 일이어서 소기의 목적을 달성하지 못하고 있다.

조선시대는 농경사회다 보니 논에서 산출되는 쌀의 양이 국가의 가장 큰 수입원이었다. 당연히 국가는 농업생산물에 대해 조세를 부담토록 했다. 복잡한 조세제도가 잇달아 시행되었지만, 균등과세라는 기본틀은 변하지 않았다. 다시 말해 누가 얼마나 벌었는지 따지는 소득세 개념이 아니라 땅 그 자체에 세금을 부과했던 것이다. 예컨대 런던 시민이 내던 폴poll이라는 인두세 人頭稅*와 같은 개념이었다.

세종대왕은 소득세 개념을 도입해 조세제도를 개혁하고자 했으나 쉽지 않았다. 조세를 의논하는 자리에 기득권층을 대표하는 양반 사대부만 앉아 있는 탓이었다. 사대부들에게 있어 소득세는 생소한 데다 소작인들을 부리기에 불편한 제도일 뿐이었다. 이들의 반대에 부딪힌 세종은 일부 지방에서만이라도 우선적으로 곡물 산출량을 기준으로 하는 소득세 개념의 조세제도를

■ **인두세** | 성과 신분, 소득 등과 관계없이 성인이 된 사람에게 부과된 일률동액의 조세. 납세자의 세금납부 능력을 무시하고 부과했기 때문에 강제적이면서 수탈적인 성격이 없지 않았다. 그러나 조세절차가 단순하고 편리하다는 장점 때문에 그리스와 로마, 이슬람 등에서 일찍이 채용되어 왔고, 영국 등 서유럽과 러시아 등에서도 활용되었다.

시험해보기로 했다. 그러나 전문적인 조세공무원의 양성이나 땅의 평수를 파악하는 일 등 소득세를 적용하기 위한 준비마저 쉽지 않았다.

결국 미미한 효과에 그치면서 근대적인 조세제도가 정착될 뻔했던 시도는 거기서 끝나고 말았다. 다시 똑같은 세금을 부과하는 방식으로 되돌아간 것이다.

세종이 시행한 조세제도는 그 뒤 성종 대에 이르기까지 무려 40년간이나 보완과 개정을 거쳐야 했다. 조세 관리의 형평을 세우는 일이 얼마나 어려운지 보여주는 역설적인 사례다.

하지만 조선은 이렇게 고생하며 만들어낸 조세제도를 온전하게 적용해보지도 못한다. 관리들의 부패와 제도의 허점을 이용한 수탈 때문이었다. 아무리 좋은 제도라 할지라도 이를 원래 취지대로 지키고 운영해가려는 공복들이 없다면 빛 좋은 개살구에 지나지 않음을 역사는 증언하고 있다.

이후 일본인들이 식민 통치권을 가지면서 가난한 사람이나 부자나 똑같이 세금을 내는 제도를 실시했으나 이 역시 제대로 시행되지 않았다. 조세 부담 능력에 따라 세금을 부과하는 것이 최선이라는 역사의 진리를 외면한 탓이었다.

세금의 정책목표는 국정의 원활한 수행과 국민복지의 향상에 있다. 많이 버는 이는 좀 더 내고 덜 버는 이는 적게 내도록 하여 부의 분배를 어느 정도 조정하는 한편 나라살림도 효율적으로 운영하자는 취지다. 시장주의 경제에서 조세제도가 발달한 것도 그 때문이다. 반면 공산주의 체제에서는 세제라는 것이 제대로 갖추어져 있지 않고 무정부주의자들은 국가가 세금을 걷는 것조차 인정하지 않는다.

시장주의 경제체제의 구체적인 세금 목표를 다시 한 번 살펴보자.

첫째, 개인의 경제활동을 마음대로 허락하되, 경쟁에서 탈락한 사람들을 위한 복지비용을 세금으로 마련한다.

둘째, 도로를 내거나 항만을 만드는 등 국민 전체를 위한 다중 이익시설을 세금을 통해 설치·운영한다.

셋째, 세금으로서 국방의 의무를 행하도록 하되, 비행기를 만들고 군인들을 훈련시키는 등의 목적을 가진다.

그러나 제대로 된 공복 없이는 세금을 낭비하고 적재적소에 필요한 재원을 활용하지 못해 나라를 위기에 빠트릴 수 있다. 최근 일어난 그리스의 경제위기는 결국 나라살림을 책임지는 지도자들이 나랏돈을 제대로 쓰지 않고 제 마음대로 쏟아붓는 바람에 초래된 사태다.

이는 우리나라 지자체장들의 선심 행정에서도 곧잘 드러나는 폐해다. 결국 조세 관련 행정을 관심 있게 살피고 감시하는 일은 국민의 몫에 달렸다.

최근 들어 IT 산업을 육성하거나 R&D 투자를 독려하기 위해 세금을 감면해주는 등 정책수단으로 조세를 활용하는 일이 많아졌다. 그러나 조세정책은 한번 잘못 사용하면 부작용이 만만치 않고, 결과 또한 예측하기가 어렵다. 따라서 조세정책을 시행하기 위해서는 반드시 합리적인 조사와 철저한 준비가 따라야 한다.

조선 초기의 조세제도와 세종의 조세정책

조선 초기의 조세제도는 답험손실법이다. 1391년(공양왕 3) 과전법科田法 실시 이후 1444년(세종 26) 공법貢法이 공표될 때까지 시행된 이 제도는 수전水田 1결結에 조미米 30두斗, 한전旱田 1결에 잡곡 30두씩의 세금을 거둔 유가선정儒家善政의 상징적인 세율이 적용됐다.

또한 농사가 평년작 이하일 경우 조세를 감해주는 손실損失은 농작상황農作狀況을 10분分, 즉 10등급으로 하여 손損(흉작) 1분에 조租 1분을 감하고, 손 8분이면 조 전부를 감면했다. 또 농지의 실지조사踏驗는 공전公田의 경우, 관할 지방관인 수령이 조사하여 감사에게 보고하면 감사가 따로 관원을 파견하여 재심再審하고, 다시 감사·수령관이 3차로 친심하였다.

하지만 풍·흉작을 조사하여 세율을 정한다는 취지에도 불구하고 운영에 있어 실무 담당 관리의 농간과 주구誅求와 전주의 횡포 등의 폐단이 많았다.

세종은 중앙 사대부 관료들부터 일반 백성에 이르기까지 17만여 명의 의견을 물어 공법의 시행을 준비했다. 이 자료를 바탕으로 몇 가지 안이 시행·준비되다가 폐지되고 다시 만들어 시행하는 등 우여곡절을 겪었다.

1436년(세종 18) 영의정 황희는 조세제도의 정비를 위해 토지 생산력의 차이에 따라 전국의 토지를 도별로 세 등급으로 나누고, 다시 각도의 토지 등급을 종래의 토지대장을 근거로 하여 셋으로 나누고, 답험손실법을 실시할 때의 관례와 국가경비를 참고하여 세액을 정한다는 원칙을 세우고, 이 일을 추진할 공법상정소貢法詳定所를 설치했다. 그 결과 1440년, 전국 토지의 등급을 재조정했다. 토지가 기름진 지역은 생산력에 큰 차이가 없으므로 관례대로 같은 액수를 거두고, 토지가 나쁜 땅에는 차등을 두었다.

그해 토지가 가장 기름진 경상도와 전라도에 이 안을 적용하였고, 그 다음해에 충청도에 시행하였다. 그러나 이 제도가 전국적으로 서민들에게 불리하게 적용되어 세제안을 일부 수정하였다.

제대로 정비된 세법이 정리되기까지는 결국 40년의 세월이 걸렸다. 그럼에도 빈익빈 부익부의 현실을 깨트리지 못한 불완전한 제도에 그쳤다.

Legal Mind

7장
조세와 관련한 주요 사건과 쟁점

Legal Mind

조세는 공평해야 한다. 조세는 사회정의와 직결된 문제인 동시에 부의 격차와 계층 간의 갈등을 줄이는 방법이 될 수도 있다. 조세와 관련하여 그동안 느껴온 문제점을 중심으로 우리가 개선해야 할 숙제들을 하나하나 짚어본다.

조세 문제는 결국 사람 문제다

8년 자경 농지에 관한 쟁점

우리나라 세법상 현재 8년 자경(자신이 경작)한 땅을 팔면 소득세를 부과하지 않는다.* 왜 농민들이 땅을 팔면 세금을 부과하지 않을까. 농민을 중산층화하여 도시와 농촌의 소득 불균형을 해소하기 위함일까. 정확한 의도는 필자도 알지 못한다.

현재 대도시 인근의 농지, 특히 서울 및 수도권의 농지는 날이 갈수록 줄어들고 있다. 이 땅이 대부분 폐기물 수집상이나 자동차 주차장, 대형음식점으로 바뀌고 있다는 사실은 주목해볼 필요가 있다. 혹은 농지 상태로 두면서도 농사를 짓지 않고 다른 용도로 쓰는 경우도 허다하다.

음식점의 경우 허가를 받기 위해 형질변경을 해야 하지만 산업폐기장이나 주차장, 냉동창고로 활용하는 경우에는 특별한 허가 없이도 가능한 것으로 알고 있다. 이에 대한 처벌규정도 마땅히 없다 보니 과거에 사실상 농지로 사용하지 않았는데도 8년만 보유하면 비과세가 적용되는 일이 많았다.

다만 사실상 농지의 기능이 끝난 경우에는 과세하도록 했다. 이 경우 심판원에서 서류심사만 하는 것은 곤란하다 하여 납세의무자에게 의견진술의 기회를 주었다.

한번은 땅주인 한 분이 찾아와 농지에 과세를 한다며 이의를 제기했다. 억울함을 호소하는 땅주인과 필자는 심판원에서 마주

■ **자경농지에 대한 양도소득세의 감면** | 이 규정은 양도세법에 나온 규정이 아니라 조세특례제한법 제69조[자경농지에 대한 양도소득세의 감면(2001. 12. 29 제목 개정)]에 관련된 것이다. 농지소재지에 거주하는 대통령령이 정하는 거주자가 8년 이상[대통령령이 정하는 경영이양직접지불보조금의 지급대상이 되는 농지를 「농업기반공사 및 농지관리기금법」에 의한 농업기반공사 또는 농업을 주업으로 하는 법인으로서 대통령령이 정하는 법인(이하 이 조에서 '농업법인' 이라 한다)에 2010년 12월 31일까지 양도하는 경우에는 3년 이상] 직접 경작한 토지로서 농업소득세의 과세대상(비과세·감면 및 소액부징수 대상을 포함한다)이 되는 토지 중 대통령령이 정하는 토지의 양도로 인하여 발생하는 소득에 대하여는 양도소득세의 100분의 100에 상당하는 세액을 감면한다.
다만, 당해 토지가 「국토의 계획 및 이용에 관한 법률」에 의한 주거지역·상업지역 및 공업지역(이하 이 조에서 '주거지역 등' 이라 한다)에 편입되거나 「도시개발법」 그 밖의 법률에 의하여 환지처분 전에 농지 외의 토지로 환지예정지 지정을 받은 경우에는 주거지역 등에 편입되거나 환지예정지 지정을 받은 날까지 발생한 소득으로서 대통령령이 정하는 소득에 한하여 양도소득세의 100분의 100에 상당하는 세액을 감면한다.(2005. 12. 31 개정) [부칙]

하게 되었다.

이어 우선 민원인에게 농지값을 올리는 데 기여한 바가 있는지 물었다. 이 질문에 대답하려면 지가가 올라 소득이 오른 데 대해 본인이 얼마나 기여했는지를 증명해야 한다. 사실 민원인의 땅은 국가시책에 의해 값이 오른 경우였다. 그도 순순히 그 사실을 인정하고 자신이 기여한 바는 없다고 대답했다.

필자는 그동안 등기부상으로는 농지였다 하더라도 이 땅을 농지로 쓰지 않은 사실로 인해 국세청이 2억 원에 가까운 세금을 부과한 점이 억울한지 물었다. 그랬더니 너무 억울하다는 것이었다. 필자가 다시 물었다.

"이 땅을 팔고 땅값으로 얼마를 받았습니까?"

"74억 원을 받았습니다."

그러면서 민원인은 자기 같은 서민에게 세금 2억 원을 부과한 것은 너무 심하지 않느냐며 하소연했다.

"현금 74억을 가지신 분이 서민입니까?"

그는 내 질문에 아무런 대답을 하지 못했다.

구리에서 이주일 씨가 국회의원으로 당선되었을 때 상대편 후보였던 모 정당 출신의 J 씨는 경기도 구리에 과수원을 가지고 있었다. 그런데 구리시가 개발되면서 과수원을 팔 수밖에 없는 상황이 되었다. 아버지로부터 사전에 증여받은 과수원인데, 값도 오른 데다 과수원을 운영하는 것이 불가능하다는 사정 때문이었다.

8년 자경농지에 대한 양도소득세 감면을 적용받으려면 땅을 파는 사람이 농민이어야 한다는 것이 기본 규정이었다. 그런데 훗날 J 씨가 국회의원이 되어 보건복지부상임위 위원 자리에 오르면서 문제가 발생했다. 국회의원을 농민이라고 할 수 없어 20억 원의 과세를 매기자 자신은 낮에는 국회의원이고 밤에는 농민이라 주장하며 이의신청을 하고 나선 것이다.

국세심판원에서는 그의 이의신청이 설득력이 없다고 판단하여 기각을 결정했다. 그러자 세무서와 국세청에 압력을 넣어 결국 심판원과 협상 끝에 세금을 조금 깎아주는 것으로 합의했다. 필자는 J 씨가 국회의원으로서 권력을 남용했다고 생각한다. 그는 후일 국회의원을 두 번 하고 이후에는 공천을 받지 못했다고 들었다.

이런 문제가 계속되자 정부는 8년 자경농지 비과세에 문제가 많다 하여 2005년에 법률을 개정하였고, 그 결과 국가가 부과하는 총 세금 중에서 1억 원만 감세해주는 쪽으로 전환되었다.* 이는 농민 및 농민단체와 조세당국 간에 이루어진 타협의 소산이라고 볼 수 있다.

세법은 살아 있는 생명체나 마찬가지다. 끊임없이 손질하고 고쳐나가야 시대의 흐름에 뒤떨어지지 않는다. 세법 관계당국자와 전문가들이 경청하고 깊이 고민해야 할 문제이다.

과오납 세금 문제

조세 문제를 다루다 보면 세무서와 기업이 서로 상반된 입장에 서는 것이 일반적이나 때로는 같은 입장을 취할 때가 있다. 가령 기업이 부당한 회계처리로 자산이나 이익을 부풀리는 분식회계를 통해 세금을 많이 내는 경우다.

이렇게 되면 세무서 입장에서는 세수가 늘어 좋고, 기업도 이익이 난 걸로 기록돼 금융권에서 대출을 많이 받을 수 있기 때문에 서로 같은 입장에 서게 된다. 그래서 기업들은 적자가 났는데도 흑자로 회계장부를 부풀리곤 한다.

■ 제1항의 규정에 의하여 감면받은 양도소득세액 중 제69조와 제70조의 규정에 의하여 감면받을 양도소득세액이 그 외 감면받은 세액을 제외하고 5개 과세기간의 합계액이 1억원(이하 이 항에서 '농지감면한도액' 이라 한다)을 초과하는 경우에는 그 초과하는 부분에 상당하는 금액은 이를 감면하지 아니한다. 이 경우 농지감면한도액은 당해 과세기간에 감면받은 양도소득세액과 직전 4개 과세기간에 감면받은 양도소득세액의 합계액으로 계산한다.(2005.12.31 신설) 이 조항은 2008년 다시 2억 원으로 채소성되있다.

과거에 동아건설이 이랬다. 실제로는 적자이면서도 흑자가 난 것으로 부풀려 세금을 낸 기업이었다. 그런데 과연 회계장부를 부풀려 납부한 세금을 돌려받을 수 있느냐가 문제가 된 적이 있다.■

이 경우 세금을 국가가 반환해야 할까, 반환하지 않아야 할까. 당시에는 이런 문제에 대한 세법 규정이 없었다. 결국 감사원은 해당 기업에 대해 반환청구권이 없다고 이의신청을 기각해버렸다. 기업이 흑자가 나왔다고 회계보고를 한 이상 그 말을 바꿀 수 없다고 본 것이다.

최근에는 과오납한 세금 문제에 대해 실수요자 쪽에 더 유리하게 법 개정이 이루어지고 있다. 2009년 10월 30일 국민권익위

■ **동아건설 분식회계 부정 사건** | 동아건설은 중동 특수로 리비아에 진출하면서 기업가치를 크게 키운 회사다. 1980년대에 당시 세계 최대 규모인 리비아 대수로 2단계 공사를 65억 달러에 수주하여 세계 건설업계에 이름을 날렸다. 그리고 1990년대 중반에는 도급순위 국내 2위까지 오르는 대기업이 되었다. 그러나 IMF 여파로 기업부실이 진행되면서 워크아웃 1호로 선정되었고, 자구 노력의 부족으로 파산 결정에 이르렀다.
파산 결정이 진행되면서 회사 측은 1988년부터 1997년까지 공사수주액을 부풀리는 등의 분식회계로 매출을 7,000억 원이나 과대계상했다고 자진신고하는 자충수를 두었다. 이는 분식회계에 따른 부정한 매출을 줄이면 회사의 존속가치가 청산가치보다 커질 수 있어 청산을 피하려는 회사의 자구책이었다.
이에 따라 회계법인과 동아건설 측에 대한 정밀조사가 진행되었고 금감원 및 예보의 조사결과 1조 2,000억 원 규모의 분식회계와 2조 이상의 자본 과대계상을 밝혀냈다. 법적 책임으로 최원석 전 회장 등 경영진이 법원의 유죄판결을 받았다. 그 후 청산가치보다 기업가치가 계속해서 높아져 2007년에 회생계획 인가 결정을 받았고, 2008년 3월에 프라임 그룹에 인수되었다. 과오납 문제는 여기서 비롯된 것이다.

원회는 과오납한 세금 반환의 경정청구 기간을 현행 3년에서 5년으로 늘리는 쪽으로 개선한다고 발표했다. 또 세금 처분에 대한 이의로 소송을 제기할 경우 판결 2달 안에 과오납 세금반환 청구를 하게 정해져 있던 현행법을 1년까지 늘리도록 하는 방안도 함께 개정키로 했다.

그러나 기업이 이렇게 자신의 입장을 마음대로 바꾸어도 되는 것일까. 만약 이것을 그대로 방치하면 기업이 자신의 이익을 위해 마음대로 숫자를 부풀려 결산을 조작하거나 적자를 흑자로 이장해버려 재계에 미칠 영향이 엄청날 것이다.

이를 막기 위해 기업이나 개인이 영업거래를 할 때 자기 형편에 따라 말을 바꿀 수 없도록 하는 원칙이 생겨났다. 이미 표명한 자기의 언행에 대해 이와 모순되는 행위를 할 수 없다는 금반언의 원칙禁反言原則, estoppel이 그것이다.

이 원칙에 따르면 모순된 선행행위를 한 자는 그에 대한 책임도 같이 지기 때문에 모순된 행위에 대한 법적인 문제의 책임 또한 당연히 져야 한다. 우리나라에서는 신의성실 원칙의 발현으로 인정하고 있는 부분이다.

영국의 경우를 보자. 영국의 형평법, 즉 에쿼티equity에서는 이 금반언의 원칙이 적용된다. 영국은 본래 계약위반이 발생했을 경우, 손해배상이 원칙이다.

그러나 금전적인 손해배상만으로는 권리구제가 불충분하다고 인정되는 경우, 형평법의 권리구제에 따라 계약내용을 이행하도록 강제할 수 있다. 따라서 집이나 보석, 그림을 넘길 때는 계약상의 하자가 없어야 한다. 말을 바꿔 계약 시 조건을 위반하면 소송에서 패소당하고 만다.

동아건설 과오납 이야기로 다시 돌아가보자.

감사원이 기각해버린 논리에 대해 필자는 다음과 같은 의견을 냈다.

"세금 문제는 국가 주권의 행위이므로 민법 사안의 이론을 이 문제에 끌고 들어오는 것은 무리다. 납세의무자에게 신의성실의 원칙을 우리가 요구하기는 어렵다."

즉 필자는 세금을 돌려주자는 주장이었고, 재경원은 장관 이하 모두가 세금을 돌려주지 말자는 입장이었다. 결국 대법원은 납세의무자의 손을 들어주었다.

■ **에퀴티** | 본래 형평衡平·구체적 정의를 의미하며, 오늘날 형평법으로 번역된다. 좁은 의미에서는 영미법의 코먼 로(보통법)에 대립하는 법을 가리킬 때도 있다. 영장令狀의 형식주의에 따라 경직화된 코먼 로에 대신해서 14세기경 대법관이 양심과 형평에 의한 소송 구제를 시작하여 이것에 의하여 형성된 판례법, 즉 형평법을 말한다. 봉건적 토지소유권의 보호에 중점을 둔 코먼 로에 반해 에퀴티는 신탁 예약에 기초를 둔 채권을 보호하고, 또 특정 이행이나 금지 명령에 의하여 채무를 이행시키는 방도를 열어 영국 채권법의 발달을 촉진시켰다.

필자는 동아건설 측의 잘못된 분식회계를 옹호할 생각은 전혀 없다. 그러나 법집행과 세금 부과 문제는 엄격한 잣대와 정확한 규정, 객관적인 법 정신 아래 진행되어야 한다고 생각했다.

동아건설 사건을 계기로 현재는 과오납 세금에 관한 조항이 세법에 추가되었다. 동아건설이 한 일은 정당하지 않았지만, 그로 인해 유사 사례의 재발을 막는 계기를 마련했다. 더불어 과오납 세금에 대해서는 원칙적으로 국가가 세금을 돌려줘야 하는 전례가 확립되었다. 다만 한꺼번에 반환하는 것은 아니고, 3여 년에 걸쳐 분할 상환하도록 하고 있다.

삼성 SDS와 관련한 쟁점

삼성 SDS 사건은 최근까지 초미의 관심사였음을 모두들 기억할 것이다. 신주인수권부사채를 저가에 발행하여 시세차익이나 상장차익을 노린 것이 문제가 된 사건이다. 삼성 SDS 사건을 이야기하려면 1996년으로 돌아가야 사건의 개요를 이해하기가 쉬워진다.

지난 96년 삼성 에버랜드는 전환사채를 발행해 이건희 당시 회장의 장남 재용 씨 남매에게 헐값에 넘긴다. 이로 인해 이재용 씨는 약 90억 원이라는 금액으로 에버랜드의 최대주주가 되면서 사실상 삼성그룹을 지배할 기틀을 마련한다. 그리고 이어 1999년에도 비슷한 방법으로 삼성 SDS가 저가에 발행한 신주인수권부사채가 이재용 씨 등에게 넘어갔다.

이건희 전 회장의 이 같은 경영권 승계 방식에 대한 검찰 수사가 시작된 건 지난 2000년이다. 국내 법학교수 43명이 이 전 회장 등을 배임혐의로 고발하여 검찰이 3년 동안 수사를 벌였지만, 이건희 전 회장을 제외한 에버랜드의 전·현직 사장 2명만 기소하는 데 그쳤다. 하지만 2007년 김용철 변호사가 삼성그룹 비자금 의혹을 폭로하면서 다음 해, 특별검사의 수사가 시작됐고, 이건희 전 회장과 삼성그룹 임원들은 탈세와 업무상 배임 등의 혐의로 재판에 회부되었다.

이후 1심과 항소심을 거치며 조세포탈 혐의가 인정돼, 재판부는 이 전 회장에게 징역 3년에 집행유예 5년, 벌금 1,100억 원을 선고했다. 단, 경영권 불법 승계 의혹의 핵심인 에버랜드 사건과 삼성 SDS 사건은 처벌할 수 없다고 판단했다. 그러나 이듬해 대법원이 삼성 SDS 사건을 다시 판단하라며 원심을 파기하고 환송을 결정했다.

파기환송심을 맡은 서울고등법원 재판부는 주당 1만 4,230원에 이르는 신주인수권부사채를 7,150원에 발행한 것은 현저하게 불공정한 가격이라고 판단했다. 당시 삼성 SDS가 이렇게 낮은 가격으로 신주인수권부사채를 발행해야 할 만큼 긴급한 자금이 필요했다고는 볼 수 없었기 때문이다. 이에 따라 법원은 2009년 8월, 이 전 회장이 회사에 227억여 원의 손해를 끼쳤다고 판결하고 유죄를 선고했다.

앞서 1심 재판부는 배임액을 44억 원이라고 보고 이 전 회장을 처벌할 수 없다고 판결했었다. 50억 원 이하의 이득에 대해 적용되는 공소시효 7년을 이미 지났다고 보아서다. 하지만 2009년 재심에선 재판부가 공소시효가 10년인 특정경제범죄가중처벌법상 배임죄를 적용, 유죄판결을 내린 것이다.

재판부의 해석은 다음과 같이 풀이할 수 있다.

> 공정한 신주인수권 행사 가격은 유가증권 인수 업무에 관한 규정에 따라 산정하는 것이 가장 합당하고 그에 의하면 저가 발행으로 인한 회사의 손해액이 50억 원을 초과하므로 사건은 유죄로 인정된다.

법원이 이건희 전 회장에 대해 유죄를 추가로 인정하면서도 형량을 늘리지 않은 점은 납득하기 어렵다는 비판적인 목소리도 있었지만, 13년을 끌어온 사건이 마무리된 점에 대해서는 다행이라고 보는 시각도 많았다. 이후 이 전 회장은 특별 사면되어 법적 책임에서는 벗어났으나 도의적 책임론이 여전히 불거지고 있는 상황이다.

나중에 듣기로는 저가 발행 승계안을 삼성에 제시한 것은 유명 로펌이었다고 한다. 당시 정황으로는 문제가 안 될 것이라고 보았는데 삼성그룹의 입장에서는 노무현 대통령이 정권을 잡은 것이 불행이라고 할 수 있었다.

노무현 전 대통령은 우리 세법이 부자들에게 너무 관대하다며 돈이 많으면 세원을 밝히고, 밝히지 못하면 증여세를 내라고 밀어붙였다. 유럽에서 부유세라고 부르는 사회주의적인 개념을 가져온 것이다. 그런데 미국은 영수증 주고받기가 활성화되어 있어 거의 모든 경제활동이 투명한 탓에 정작 부유세가 없다.

삼성이 주식을 전환할 당시, 노무현 정부에선 법이 바뀌고 새로이 시행되고 있었다. 결국 유명 로펌과 삼성이 이 제안을 검토할 당시에는 위법이 아니었으나, 막상 전환한 시점에는 위법이 되는 상황이 만들어진 것이다.

국세청은 결국 삼성 측에 510억 원이라는 증여세를 부과했다. 그러자 삼성 측은 국세심판원의 심의에서 여러 이유를 들어 주식이 전환되면서 회사 자산은 실제로 떨어졌다며 증여세 부과는 잘못이라고 주장했다. 이에 필자는 삼성 측에 '주식전환이 이루어지면서 주가가 떨어졌다는 증거를 가져오면 증여세를 줄여주겠다'는 입장을 밝혔다.

하지만 심판원 내부에서도 서로 의견이 갈라졌다. 국장들은 '삼성 측 논리가 맞다'고 하고, 나는 안 된다고 하였으나 결국 필자의 의견이 채택되지 않았다. 그 결과 아무런 증거 없이 4백억 원 규모로 줄여 증여세가 결정되었다.

다만 이 일을 계기로 세법 개정이 다시 이루어졌다. '주식의 희석화'■라는 문제가 사회적 이슈가 되어 입법화에 이르게 된 것이다. 즉 기업이 무상증자를 위해 신주 발행을 할 경우, 발행된 주식 수만큼 주가가 떨어지는 것으로 보고 세금을 매기지 않기로 하되, 유상증자인 경우에는 별도로 계산하도록 했다. 필자로 인해 세법이 개정된 또 하나의 사례였다.

사실 필자는 삼성이나 국세청 가운데 어느 한쪽의 편을 들 생각은 결코 없었다. 다만 양측의 주장과 입법정신의 실현을 놓

■ **주가 희석화** | 주가 희석화는 주당 가치가 낮아진다는 뜻이다. 유상증자를 하면 주식 수가 증가하여 당기순이익을 주식 수로 나눈 주당 가치가 낮아지기 마련이다. 유상증자, 전환사채, 전환우선주 등 주식 수를 늘리는 모든 행위는 결국 주가하락을 가져오게 된다. 물론 이것은 기존 투자자의 입장에서 보는 측면이다. 반대로 신규로 주식을 사서 들어오는 측에서는 그만큼 이익을 기대하고 들어오는 입장이다. 회사가 주식 희석을 감수하는 것은 당장 돈이 필요한 경우다. 그러나 재판부는 삼성 SDS의 경우에는 재무적으로 급히 돈을 쓸 상황이 아니었다고 판단했다.

고 현실에 적용하는 기준을 제대로 세웠으면 하는 바람이었다. 법대로 하되 현실감각에 맞게 적용하려는 노력이 여기서도 중요했다.

그런데 삼성 SDS 문제에는 여전히 논쟁거리가 남았다. 국가가 증여세를 부과한 데 그치지 않고 이 일로 손해를 본 회사에게 그 손해액을 배상하라는 요구가 사회 일각에서 제기된 것이다.

여기서 삼성을 비판하는 논리는 '서로 나눠 먹고 경영의 대물림을 하는 행위는 문제가 있다'는 의견이다. 그러나 '외부의 기술이나 자본의 도움 없이 회사를 만들고 키워 국가산업에도 기여했다. 우리가 만들어낸 이익을 나누고 돌려받는 것이 무슨 문제냐'라는 주장은 삼성 측의 논리다.

예컨대 미국의 현재 판례로는 회사에도 손해액을 보상해줘야 하는 것으로 되어 있다. 증여세만 내는 것은 잘못이라는 것이다. 그러나 이 논쟁에 관한 한 필자의 견해는 일반인들과 좀 다르다. 생각해보자. 어렵게 기업을 세우고 열심히 일해서 설립자나 직원들이 돈을 많이 벌었다. 그 결과 생긴 이익을 본인들이 챙기는 행위가 과연 잘못일까. 세법에도 없는 사항을 두고 증여받은 만큼 내놓으라는 주장은 또 옳은 것일까.

상장법인도 아닌 비상장기업에게 이렇게 세금을 부과하는 문제는 사회적으로도 이미 논쟁이 되고 있다. 진보 측에서는 주주가 아무리 열심히 일했다고 하더라도 주식에 할당된 이익만 가져가야 한다고 주장한다.

하지만 필자 생각엔 어려운 환경에서 세계적인 기업을 일구어낸 비상장기업에 대해 상장기업과 같은 엄격한 잣대를 들이대어도 좋은지 의문이다. 이 문제는 사회적으로 검토하고 진지하게 연구해봐야지, 진보 측이 옳다고 쉽게 단정 지을 수 없다고 본다.

그런데 여기서 또 하나, 짚고 넘어가야 할 이 사건의 중요한 본질이 있다.

국가는 법대로 문제가 되는 부분에 대해 증여세를 부과했다. 그러나 시민단체에서 벌떼처럼 일어나 증여세만으로는 부족하다며 주식을 공짜나 다름없이 배정받은 만큼 회사에 손해를 갚아야 한다고 주장했다. 아울러 이 문제를 형사적으로 제기하고 나섰다. 일찍이 회사가 입은 손해에 대해서는 특검에서도 무죄가 결정됐다. 그래서 이 전 회장은 형을 모면할 수 있었다. 그러나 대법원에서 회사가 입은 손해액을 다시 계산해내도록 하였고, 그 결과 이 전 회장에게 배임죄 실형이 선고됐다.

요컨대 검찰에서도 기소를 안 했던 배임 문제를 시민단체에서 다시금 문제삼고, 이러한 사회적 분위기를 못 이겨 실형을 준다는 것이 과연 옳은 법적용일까. 결론은 형사적 책임이 아니라 회사가 입은 손해만 배상하면 되는 것 아닐까. 사회와 현실감각 사이에서 법이 춤추는 꼴이다.

생명보험사와의 쟁점

전두환 전 대통령 때의 일로 기억한다. 임기 2차 연도에 생명보험회사와 SK 네트워크에 대해 주식상장을 조건으로 자산재평가 資産再評價, asset revaluation[■]를 허락해주었다. 주식 상장이 안 되면 재평가도 없다는 조건이었다.

원래는 회사를 설립한 이후에 부동산을 사면 자산재평가를 허락해주지 않는다. 그런데 막상 생명보험회사의 경우 자산재평가를 허락했더니, 보험회사 보유의 부동산이 처음 샀을 때보다 5~6배나 값이 오른 것이 드러났다. 이것을 두고 어떻게 과세하는가를 놓고 13년을 유예해오다가, 노무현 전 대통령 때 법대로 하자고 해서 과세당국에서 해당 기업에 과세를 적용하기로

■ **자산재평가** | 법인 또는 개인의 기업에 소속된 사업용 자산을 시가에 맞도록 장부가액을 증액하는 것을 가리키는 회계용어다. 원래 계속기업에서는 원칙적으로 자산의 재평가는 제한된다. 그러나 재평가를 인정하지 않으면 불합리한 경우가 있어, 급격한 인플레이션에 대응하여 제정된 자산재평가법에 의한 경우라든가 회사정리법에 의한 경우에는 자산재평가를 예외적으로 인정해주고 있다.

했다.

그 결과 생각보다 훨씬 큰 차액이 발생했다. 예컨대 1억 원에 구입한 부동산이 10억 원이 되어 국세청이 9억 원에 대해 과세하게 된 것이다. 구체적으로는 삼성생명과 교보생명이 수백억 원대의 법인소득세를 납부하게 됐고, 나머지 대한생명과 제일생명 등 3개의 생명보험사는 회사가 부실하여 자본잠식이 발생, 과세해도 세금을 낼 만한 이익이 없었다.

그런데 문제는 다른 곳에서 불거졌다. 각 생명보험회사들이 재평가한 금액을 회사 장부에 넣어 자본전입으로 처리하면서 대주주들에게 무상증자를 통해 대규모의 주식을 발행·교부한 것이다. 국세청에서는 이 부분에도 세금을 부과하고자 자산평가한 날짜를 소급해 13년치의 가산세를 붙였다. 그 결과 몇 천억 원에 달하는 가산세가 책정됐다.

국세청의 입장을 이해 못하는 것은 아니었지만, 필자는 가산세가 너무 높고 상장을 시도했다가 안 된 것이 확실할 때에 과세의무가 생긴다고 보아 가산세를 탕감해주는 의견을 제시하여 결국 채택되었다.

한편 삼성생명의 경우에는 상장하면 주식 가치가 약 70만 원에 달하고, 100만 원까지 오를 수 있다는 이야기도 있었다. 이 경우 상장 이후 상승한 주식 가치가 누구의 몫이냐 하는 문제도 생각해봐야 한다.

　삼성생명의 경우 대주주들은 엄청난 부자가 되었다. 교보생명도 마찬가지다. 일각에선 고객이 낸 돈(보험금)으로 자산을 불려 상장한 것이므로 상장 후 이익이 난 부분을 고객의 몫으로 돌려주어야 한다는 주장이 나오고 있다.

　그러나 필자는 생명보험사의 주식을 상장한 후에 어떤 식으로 배분할 것인가를 문제 삼는 것 자체가 말이 안 된다고 생각한다. 고객인 계약자에게 그 몫을 줄 수 없는 것은 계약자가 경영에 전혀 참여하지 않았기 때문이다.

　필자의 개인적인 소견을 이야기하자면, 자산재평가를 해서 그 당시 대주주들에게 준 무상주식에 무리하게 과세하려 하지 말고 어느 정도 적정한 과세평가를 해서 이 돈을 사회 공익사업에 쓰도록 했으면 한다.

　이 문제는 앞으로 2~3년간 한국에서 핫 이슈가 될 것이다. 당시 자산재평가를 한 것은 생명보험의 재무건전성을 위한 조치였지만, 의외의 문제들이 불거져 나와 이해 당사자들 간에 복잡한 상황을 만들고 말았다.

IMF 백서조차 없는
현실을 개탄한다

　IMF를 겪으면서 필자가 봐왔던 기업의 구조조정 문제를 이야기해보려고 한다.

　현대차가 기아차를 인수할 당시 기아차에게는 은행권, 상호신용금고 등에 빚진 돈이 5조 원이나 있었다. 현대 측은 빚을 탕감해야 인수를 하겠다는 조건을 내세웠다. 그러자 김대중 정부는 5조의 빚을 탕감해주며 기아차 인수를 성사시켰다.

　이때 벌어진 정책의 결정과정과 그 후의 처리과정, 재계의 평가 등을 자세하게 백서로 남겨놓았어야 했지만 어이없게도 우리에게는 정부 차원의 IMF 백서가 없다. 기록이 없으면 교훈이 없는 법이다. 우리는 그 혹독한 IMF의 국난을 겪고도 아직 그 교훈을 배울 준비조차 되어 있지 않은 셈이다.

한편 기아차에 대해 금융권이 가지고 있던 채권 5조원을 현대차가 내건 인수조건대로 탕감해준 데 대해 국세청은 세무조정을 거친 후 약 5,000억 원에 가까운 세금을 증여세 명목으로 현대차에 부과했다.

이 증여세에 대한 심판결정에 관여했던 필자는 당시 국내 세법상에 기업의 구조조정 즉, 법정관리나 화의제도에 있어 금융권이나 기타 채권단이 채권을 포기했을 때 이를 '민법상의 증여로 볼 것인가' 하는 문제에 대한 규정이 없어 곤혹스러웠다.

결국 이와 같은 비정상적인 채권 포기의 경우 기업의 구조조정이 목적이라면 증여세를 부과하지 않는다는 미국의 세법과 일본 총리령 규정을 원용하여 국세심판원은 현대차의 손을 들어주었다. 지금은 우리나라의 세법규정에도 미국 세법과 같은 규정을 도입하여 입법적으로 해결되었다.

소나기 올 때 비를 맞게 할 것인가

IMF 당시 은행은 물론 증권회사, 종합금융회사 등 제2금융권에서도 엄청난 타격을 받았다. 증권회사 중에도 부도난 회사가 있었지만, 종합금융회사의 경우에는 동양종금을 빼고는 거의 부도가 났을 정도였다.

모기업에서 자기업에 돈을 지급한다든지 매출을 올려주는 경우, 자회사와의 거래라는 이유로 모그룹이 자회사를 도와준 만큼 세금 부담이 늘어난다. 직원들의 퇴직금으로 적립한 돈을 담보로 잡히고 자회사에게 돈을 주는 경우도 있었다. 공정거래위원회는 이와 같은 모든 행위를 부당거래로 판정했다.

하지만 필자는 공정거래위원회의 부당거래 판정도, 자회사를 지원하는 모기업에 세금을 부담시키는 일도 찬성하지 않았다. 정부의 논리대로라면 어려움에 처한 자회사는 모기업의 지원도 받지 못한 채 부도가 나야 하는가. 그렇게 해서 금융회사가 치명타를 입어야 할까.

건실한 회사가 부실한 자회사를 도와주는 행위에 대해 국가가 표창을 못 줄망정 공정거래위원회에서 과징금과 벌금을 부과하는 것은 이치에 맞지 않다고 생각했다. 그래서 외국 사례를 들어 심판원의 결정이 오히려 불공정거래라며 반대 입장을 표명했다.

당시는 국가적인 위기상황이었다. IMF라는 초유의 국가부도 사태에서 소나기 오는 데 비 맞고 가라 할 것인가. 국가가 해야 할 일을 건실한 모기업이 대신한 것을 두고 굳이 문제를 삼아야 했을까. 필자는 아직도 내 판단이 옳았다고 생각한다. 어려운 상황에서 기업을 지켜주고 살려주는 것이야말로 국가의 본분이 아닐까.

같은 맥락에서 IMF가 찾아오기 훨씬 이전의 이야기를 꺼낼까 한다. 현대 자동차가 만들어진 배경에 관한 얘기다.

박정희 전 대통령이 한국에 중화학공업을 시작하고자 했을 때 많은 이들이 우리나라의 힘으로는 불가능하다며 반대를 표시했다. 시기상조라는 둥 기술기반이 약해서 실패할 것이라는 둥 반대하는 이유도 여러 가지였다.

그러나 이에 굴하지 않고 첫 번째 사업으로 꼽은 것이 바로 자동차 산업이다. 사실 그때는 자동차 부품 가운데 어느 하나도 국산화되지 않았던 시절이다. 그 맨바닥에서 박 전 대통령은 자동차야말로 한국을 살릴 수 있는 원동력이 되리라 믿었다.

아마 1960년대 말쯤일 것이다. 자동차 공장은 몇 평 규모로 지을 것인가, 직원들은 어떻게 뽑을 것인가, 자동차 모델은 어떻게 정할까, 부품을 만들 수 있는 능력은 어느 정도인가. 일련의 조사를 위해 상공부에서 인력이 지원되고, 사전에 청와대에서 브리핑도 가졌다.

하지만 당시 재계에선 정부가 주도하는 자동차 사업에 자칫 잘못 손을 댔다가는 위험하다며 모두들 손사래를 쳤다. 결국 현대그룹 말고는 이 사업에 아무도 지원하지 않았다. 그러자 정부는 울산 땅을 수용해 국가에서 논을 형질변경해주고 현대에 이를 제공했다.

현대는 이 땅을 담보로 돈을 빌리고 외국업체와 차관계약을 맺어 포드와 손잡고 합작파트너로서 자동차를 만들기 시작했다. 여기까지가 정부의 몫이었다. 이후로는 현대가 바친 노력과 땀의 결과 오늘의 자동차 시대를 연 것이다.

당시 박정희는 녹다운 방식knockdown system을 선호했다. 해외에서 부품을 수입해 받아 조립·판매하는 방식이었다. 그러나 정주영 씨는 자동차만은 현대의 독자모델이 있어야 한다고 줄기차게 반대했다.

그 결과 이탈리아에서 디자인을 받아 포니 자동차가 탄생했다. 다른 부품은 개별적으로 사서 자동차를 조립했지만 디자인만은 우리 것이었다. 한국의 포니는 그렇게 오늘날 한국 자동차 산업의 시조가 되었다.

요컨대 현대자동차는 국가와 민간의 합작품이라고 할 수 있다. 그러나 이를 두고 정경유착이니 해서, 서민들은 돈도 못 빌리고 대기업만 돈을 빌리는 특혜라는 점을 꼬집는 사람들이 있다. 하지만 개인이 그 돈을 빌려 오늘날의 현대자동차를 만들어 낼 수 있었을까. 모든 일은 동전의 양면처럼 장단점이 있는 법이다. 어떤 이념을 가지고 접근하면 사회 현상을 잘못 볼 수 있다는 얘기다.

IMF 시대의 굴절들

나라종금은 1982년 설립된 투자금융 및 종합금융업체로, 2000년 금융감독위원회로부터 영업정지 조치를 당했다.

종금에 정식으로 종합금융회사라는 그럴듯한 이름을 붙이고 영업을 시작하게 한 것은 노태우 전 대통령으로, 그 당시 이를 합법화한 것으로 기억한다.

종금은 어음이나 당좌수표를 받고 이를 담보로 해서 돈을 빌려주는 제2금융기관이다. 우리나라에서는 개인이 외국으로부터 돈을 빌릴 수 없게 되어 있어, 종금이 외국에서 달러를 빌리고 이를 한국 돈으로 바꿔 한국 사람에게 빌려주는 것이다.

그런데 IMF가 터지자 비싼 이자로 돈을 빌려올 수도 없는 데다 돈을 빌려간 기업마저 부실해지면서 종금의 경영에 치명타를 입었다. 종금으로 망하지 않은 곳은 동양종금 하나로, 동양그룹 내부에만 돈을 제공하고 다른 곳에는 대출을 크게 해주지 않아 위기를 모면할 수 있었다.

그런데 문제는 알 수 없는 이유로 나라종금에 공적자금이 2조나 투입되었다는 사실이다. 이른바 IMF 공적자금이었다. 그런데 공적자금 2조원을 받은 지 1년이 채 되기 전에 다시 부도가 났다. 이 공적자금의 집행에 대해 속시원한 이야기를 들은 적이 없다. 누가 책임을 져야 할 것인가. 현재로서는 세금을 낸 국민이 그 책임을 떠안고 있다.

해태 이야기도 빼놓을 수 없다. 매출규모를 따지면 해태와 한일합섬이 비슷한 규모였다. 당시 한일합섬은 일종의 흑자부도를 냈다. 땅이 많았고 재정적인 상황도 그다지 나쁘지 않았다. 그러나 정부는 부도를 낸 한일합섬에게 공적자금을 지원하지 않았다.

한편 해태는 1996~1997년에 연이어 한국시리즈에서 우승을 차지했다. 그런데 정작 모기업에 돈이 없어 광주은행에서 대출을 받아 선수들의 보너스를 주는 일까지 생겼다. 이렇게 부실했던 해태가 부도가 나려 하자 국가에선 공적자금 2조원을 투입했다. 그러나 결국 부도를 막지 못했다.

나라종금과 해태는 공적자금을 받고도 망했다. 그렇다면 당시 정부의 정책을 누가 책임 질 것인가. 살릴 기업과 안 살릴 기업을 정하는 것은 경제행위이다. 아니, 솔직히 이야기하면 정치행위에 가까울지도 모른다. 아무렴 어떤가. 돈을 들였다면 살려놓으면 그만이다. 그런데 부실기업에 돈을 대준 것으로도 모자라 돈만 날린 꼴이 되고 말았다.

왜 다른 기업이 아닌 이들 기업에만 돈이 들어갔는지, 그리고 회수 불가능한 공적자금에 대해서는 누가 어떻게 책임질 것인지, 누군가는 반드시 밝혀내야 할 대목이다. 그래서 IMF 백서가 필요하다. 감사원의 감사도 당연히 따라야 할 것이다.

Legal Mind

8장

법학교육에 대한 단상

Legal Mind

필자는 지금이 법과대학의 위기라고 본다. 현재의 법과대학은 수요를 따라가지 못해, 학생들이 '이런 강의를 해달라'고 먼저 요구해야 하는 실정이다. 일부에서는 로스쿨의 도입으로 현재의 법과대학이 없어지는 것은 아닌지 우려하지만 현실적으로 그럴 가능성은 낮다. 로스쿨은 일단 대학교를 졸업해야 입학자격을 주기 때문에 법과대학은 학부로서의 교육기관으로 계속 존재하리라 본다.

다만 법과대학과 로스쿨이 제구실을 하기 위해서는 변화라는 진통이 요구된다. 과거 법과대학 교육과 현재 로스쿨 제도의 허실을 살펴 법학교육이 나아갈 방향을 고민해본다.

법학교육을 생각하다

법학교육부터 교육의 독점을 피해야

역사적으로 고려시대와 조선시대에는 지배계층이 교육을 독점해왔다. 이른바 보통교육, 대중교육의 기회가 백성에게 열린 것은 일제강점기에 소학교가 문을 열면서부터다. 소학교의 교육과정은 문자 해독능력을 가르치는 데 그쳤고, 중·고등학교에 올라가서야 과학 등을 가르쳤다.

   이승만 전 대통령은 철저한 항일 운동가였음에도 불구하고 해방 이후 대한민국 정부의 행정을 일제강점기에 교육받은 이들에게 맡겼다. 이와 달리 북한에서는 친일했거나 일본 치하에서 일했던 관료들을 비교적 배척했다. 그렇지만 김일성 정치체제에서는 일제강점기에 이름을 날리던 행정관료와 문학가들이 주요 직책을 차지했다. 박헌영, 이강국, 임화■ 등이 대표적이다.

이처럼 남북 모두 일제 강점기에 교육을 받은 인물들이 지배계층으로 자리매김한 이후 사회에서 힘 있는 자리에 오르기 위해서는 부모가 지식인이든 돈이 많든 상관없이 본인이 공부를 잘하고 실력을 인정받아야만 했다.

그 결과 한국은 이스라엘과 더불어 세계에서 가장 교육열이 뛰어난 나라로 급부상했다. 이는 역설적으로 항상 긴장 속에 살아야 함을 의미하지만, 소위 개천에서 용 난다는 말 그대로 교육을 통해 사회 지배계층으로 발돋움하는 계층적인 순환은 외국에 비해 훨씬 원활하게 이루어졌다. 대표적인 예로 박정희, 전두환, 노태우, 노무현, 이명박 대통령도 같은 전철을 밟았다.

한때 한국의 교육열은 경상도를 선두로, 전라도가 그 뒤를 다투었다. 그리고 그 맹렬한 교육열의 중심에 바로 법과대학이 있었다. 사법고시 합격생들 대부분은 서울대, 연세대, 고려대 출신이고, 이중 판검사로 임용되는 합격자 가운데 70%가 서울대생이었다. 이들 서울 법대생의 70~80%는 가난한 집안의 자식이었

■ 박헌영, 임화는 1953년 미제의 스파이라는 명목 아래 김일성으로부터 축출돼 처형당했다. 이강국도 남로당 사건으로 1953년 체포되어 1955년 처형당했다.

지만 1990년대에 들어서자 모든 것이 바뀌었다.

이제 한국 사회는 부자 부모를 둔 자식들이 더 나은 환경에서 더 나은 교육을 받아 사법고시를 통해 명예와 부를 거머쥔다. 부의 세습, 교육의 세습이 이루어지고 있는 것이다. 그와 함께 개천에서 용 나는 식의 급격한 신분 상승은 더 이상 쉽지 않은 일이 돼버렸다.

따라서 특정계층의 법학교육 독점을 막기 위한 사회적 장치 마련이 당장 시급하다. 성적이 뛰어나지만 형편이 어려운 이들에게도 법학을 공부할 수 있는 여건을 제도적으로 마련해주고, 지역별·계층별 인재 발굴 방법을 모색해봐야 한다. 어떤 방법이든 사회적 의견을 모아, 이를 토론하고 합의해가는 과정과 노력이 절실한 시점이다.

사변을 버리고 실리와 상식을 택하라

법과대학 교육의 문제점은 사법시험에 맞춰진 커리큘럼에서부터 비롯된다. 사법시험 과목은 헌법, 민법, 민사소송법, 형법, 형사소송법, 행정법, 상법 모두 7가지로, 이 틀은 거의 바뀐 적이 없다. 게다가 이를 배우는 교과서 역시 일본 교수들이 쓴 저서를 한국어로 번역한 책이 대부분이다.

　미국의 경우 사법시험에 필요한 과목은 로스쿨 1학년 때 강의를 전부 마친다. 이어진 2, 3학년 과정에는 졸업 후 자신이 사회에 나가 진출할 전문분야를 선택해, 해당 분야와 함께 세법과 공정거래법을 중심으로 갈수록 다양해지는 경제 분야에 더 깊이 파고든다.

　더불어 해외로 나가고자 하는 이들은 해당 국가나 대륙의 법률을 전문적으로 공부하게 된다. 유럽으로 진출하고자 한다면 예컨대 독일 혹은 프랑스 법률을 공부하고, 아시아로 가려는 사람은 일본의 해석법을 공부하는 식이다.

　이미 오래 전 일이지만 필자가 법과대학에 다닐 때는 영미법 강좌가 있었다. 사법시험과 무관하게 헌법에 대한 판례를 주로 공부하는 교양수업에 가까웠다.

　사실 유니버시티university의 어원인 유니버스universe가 우주를 뜻한다는 점에서 대학은 곧 우주를 배우는 장이기도 하다. 그러나 앞서 말했듯이 법과대학의 수업은 대개 사법고시 중심의 강의가 주를 이룬다. 우주를 배우는 상아탑이자 법조인이 되기 위한 직업학교로서의 상아탑이 뒤섞여 있는 셈이다.

　여기서 중요한 것은 균형이다. 대학이 직능만을 가르치는 것도 문제지만 이상만을 강조할 수도 없는 노릇이다. 그 중심을 어디에 둘 것인가 하는 문제를 대학관계자들은 신중하게 고민할 필요가 있다.

우선 법과대학의 방향과 커리큘럼부터 한번 고민해보자. 예컨대 형법 수업에서는 다음과 같은 주제를 다룬다.

'시체에 총을 쏜 사람을 살인자로 인정할 것인가?'

만약 절도를 목적으로 시체에 총을 쏜 경우 그를 살인죄로 처벌할 수 있는지 없는지에 대해 독일 법의 해석은 주관설에 따른다. 즉, 피의자가 상대방을 죽일 의도가 있었다고 보아 살인미수로 판결하여 처벌한다. 이는 결과가 불확실하더라도 사회에 위험이 된다면 처벌해야 한다는 견해다.

그러나 객관설에 입각하면 판결 자체가 달라진다. 즉, 죽은 시체의 경우 범죄가 성립되지 않으므로 피의자를 처벌해서는 안 된다는 답이 나온다. 이를 법률적으로는 불능범이라고 한다.

그렇다면 범죄로서 성립조차 하지 않는 불가능한 결과론을 대학에서 왜 가르치는 것일까. 실제로 우리의 법과대학은 불능범에 대해 오랜 시간 강의하고 공부하도록 한다.

불능범에 대한 저명한 독일 학자들의 학설을 형법 교과서에서 확인해보면 4~5번쯤 읽어야 겨우 어렴풋이 알아들을 정도로 이해하기가 쉽지 않다. 더욱이 우리 형법 또한 미수범 규정이 있는 부분에 대해서만 결과가 불확실하더라도 처벌한다고 되어 있다. 즉, 성문화되어 있는 행위만 처벌할 뿐 해당 규정이 없으면 처벌하지 않는다.

반면 미국에서는 불능범에 대해 가르치지 않는다. 규정을 정해두지도 않는다. 사건을 조사한 사람이나 배심원이 건전한 상식으로 판결할 수 있는 영역으로 보기 때문이다.

독일은 본래 사변적인 세계가 발달되어 있다. 그래서 19세기 말에서 20세기 초, 독일에서 법률을 공부하던 사람들이 벽에 부딪혀 공부를 포기해버리는 경우가 종종 있었다.

독일의 유명한 시인이자 극작가인 실러는 독일의 법전을 악마의 저주라고 일컬으며 공부를 포기하고 시인이 되었고, 괴테 역시 변호사 일을 하면서 시인이자 극작가의 길을 갔다. 그런데도 우리는 사변적인 성격이 강한 독일의 법학교육을 은연중에 모방해온 것이 사실이다.

우리나라 법과대학의 문제점이 바로 여기에 있다. 현실에서 극히 예외적으로 발생하는 범죄에 대해서는 대학에서 강의할 필요가 없다. 이는 상식에 따라 판단할 문제임에도 이 같은 주제에 매달려 사회에 꼭 필요한, 정작 배우고 공부해야 할 다른 영역을 놓치고 있다.

필자 역시 학부과정에서 법을 전공했지만 학문의 발전보다는 허공에 발길질하는 느낌을 자주 받곤 했다. 이제는 달라져야 한다. 명분과 사변을 좇느라 실리와 상식을 놓치는 법학교육을 이대로 방관해서는 안 된다.

시장경제에 대해 더 가르쳐야

법과대학은 물론이고 로스쿨 역시 지금까지 가르쳐온 관행대로 간다면 우리 사회의 다양한 법률적 요구를 충족시킬 수 없다. 로스쿨의 경우에는 특히 현재 가르치는 과목 외에도 추가해야 할 과목들이 많다.

 대표적인 예로, 우리나라가 시장경제를 유지하는 한 소득세법, 상속, 증여세, 공정거래법, 국제거래 등에 대한 공부는 필수적으로 뒷받침되어야 한다.

 공정거래법의 경우 미국은 판례를 수집해 조문화하고 있는데 반해, 우리나라는 일본의 것을 토씨 하나 다르지 않게 따라 쓰고 있다. 그러나 정작 현실에서 법률의 판단을 기다리는 공정거래 관련 사안은 한두 가지가 아니다.

 주식의 공정한 가격을 어떻게 유지시킬 것인가. 한국의 자본주의와 시장경제를 법률적으로 어느 선까지 보호할 것인가. 제품의 값이 부당하게 비싼 경우, 혹은 생산업자들이 담합하여 제품값을 올리는 행위에 대해 사법부는 어떻게 효과적으로 대처할 것인가.

미국은 특정 제품을 한 회사가 생산하는 행위를 법적으로 금지하고 있다. 독점을 금지하는 반독점법antitrust law▪이 그것이다. 이와 반대로 상품값이 생산비보다 떨어지는 일을 막는 반덤핑법 anti-dumping law▪은 주로 싼값에 미국으로 수출되는 외국제품에 적용되며, 이 경우 반덤핑 즉, 안티덤핑을 통해 관세를 부과함으로써 제품값을 올리는 방식을 취한다. 결국 상품의 적정한 가격은 반독점, 즉 안티 트러스트와 안티덤핑 사이에서 책정된다.

그렇다면 한국의 자본주의 상황과 시장경제 여건하에서 우리는 어떤 방식으로 가격체계를 유지하고 결정해야 할까. 이 문

▪ **반독점법** | 특정 기업의 불공정한 독점을 막기 위한 법률. 미국의 셔먼 법Sherman Act을 기본으로 크레이튼 법Clayton Act, 연방무역위원회법 등을 포함하는 법체계로 구성되어 있으며, 소비자의 이익 보호 및 공정한 상거래 질서 확립을 목적으로 한다. 셔먼 법은 대기업으로 경제력이 집중되는 것을 막기 위한 조치로, 동종 업종의 '카르텔(기업연합)'과 '트러스트(기업합동)'를 형사 처벌하는 내용이다. 셔먼 법은 무엇보다 소수에 의한 동종 업종의 모든 기업에 대한 '의결권 독점voting trust'을 가장 우려하였는데, 오늘날 반독점antitrust이라는 용어는 여기서 유래됐다. 그러나 셔먼 법 시행에 문제가 드러나면서, 1914년 기존의 형사처벌 위주에서 벗어나 민사적 규제 수단까지도 인정하는 크레이튼 법이 제정되었다.

▪ **반덤핑법** | 미국에 수출하는 외국제품이 부당한 가격으로 싸게 팔려 미국 내 관련 산업이 타격받는 것을 방지하는 미국의 법률이다. 국내업자의 제소에 의해 상무성이 덤핑이냐 아니냐를 조사한 후 결정한다.

제 관한 한, 아직 아무런 준비도 결정도 하지 못한 분야가 적지 않다.

소주값을 예로 들어보자. 우리나라의 공장도 소주값은 1,150원이다. 이는 소주업체 입장에서는 희생을 감수해야 하는 가격이다. 소주값이 오르는 것을 싫어하는 정부가 행정지도에 의해 소주값을 동결시켜온 결과이기 때문이다. 실제로 최근 소주업체가 가격을 올리자 공정거래위원회에서는 과징금이다 뭐다 하여 업체를 압박하고 나섰다. 이것이 바로 우리 시장경제의 현실이다.

이런 문제의 경우 경제학자와 법률가들이 모여 적정한 소주값을 결정하는 것이 옳다. 그러지 않고 정부가 막무가내식으로 가격을 결정하고 업체에게 희생을 요구하는 것이 과연 장기적으로 국내산업을 보호하는 길인지 우리 모두 고민해볼 필요가 있다.

케인스를 채택할 것인가, 버릴 것인가

시장경제를 뒷받침하기 위한 법과 규제는 결국 경제의 본질적인 개념을 어떻게 적용하고 받아들이는가의 문제로 귀결된다. 다시 말해 사회주의적인 관점을 좀 더 수용할 것인가, 아니면 완전한 시장자유주의를 지향할 것인가의 문제다. 이론적으로는 국가의 적극적인 개입을 주장하는 케인스Keynes파와 기업의 자유로운 활동을 보장하려는 자유주의파의 관점으로 구분할 수 있다.

우리나라에서 진보와 보수는 정치적인 견해가 아니라 분배에 있어 어떤 방법을 취할 것인가에 따른 입장 차이로 구분할 수 있다. 하지만 보다 중요한 것은 보수와 진보의 구분이 아니라 경제를 어떻게 정의하여 국민이 보다 더 잘 살게 할 것인가를 고민하는 일이다.

자유주의 경제를 옹호하는 쪽은 세금을 적게 거둘 것을 주장한다. 세금을 걷지 않으면—부자들은 특히—그만큼 더 많은 돈을 씀에 따라 경제활동이 더욱 활발해지고 경제가 윤택해져 결과적으로 국민 전체에게 혜택이 돌아간다고 보는 입장이다. 이에 반해 국가가 부자에게서 세금을 많이 거둬 경쟁에서 탈락된 사람들에게 돌려줘야 한다는 주장은 케인스파의 이론이다. 예컨대 미국의 공화당은 부자들에게 세금을 걷는 것을 반대하고 민주당은 이를 지지한다.

케인스파와 자유주의파 가운데 어느 쪽이 옳은지는 아직도 판가름이 나지 않았다. 미국의 경제학자들은 어느 한쪽의 일방적인 승부를 장담하기는 어렵다고 보고 있다. 사회와 경제의 흐름에 따라 이쪽이 우세했다 다른 한쪽이 힘을 얻는 식의 변화를 거듭해온 까닭이다. 최근에 닥친 세계적인 금융위기 이후 국가가 어느 정도 경제를 통제해야 한다는 주장이 설득력을 얻고 있는 것도 그 증거다.

그렇다면 우리는 어떤 선택을 해야 할까. 우선 경제학자들이 지혜를 모아야 한다. 많은 전문가들이 참여해서 다양한 의견을 내고 그 가운데 가장 유력한 대안을 정리해 법으로 규정하면 된다. 물론 법조인들도 손을 놓아서는 안 된다. 함께 정보를 공유하고 최선의 방향을 찾아내야 한다. 지금처럼 법조인은 법만, 경제인은 경제만 논하는 식의 관행은 제발 사라져야 할 것이다.

판검사의 자질과 자격

판검사의 인물론에 대해 얘기해보자. 법률은 곧 균형이다. 그러므로 판검사도 균형 잡힌 인물이라야 한다. 이 문제를 정면으로 바라보며 생각해본 기준은 다음과 같다.

우선 판사는 중산층 이상의 가정에서 나오는 것이 낫다고 본다. 편파적인 선입견으로 비칠 수도 있겠지만 오랜 법조인 생활 끝에 얻은 결론이다.

법과대학에서 수석을 차지한 학생의 첫마디는 으레 가난하고 불쌍한 사람을 도와주겠다는 것이다. 하지만 그것은 정의가 아니다. 가난하고 불쌍한 사람들 중에도 거짓말하는 사람은 얼마든지 있다. 누가 많이 가졌는지, 그렇지 않은지는 중요하지 않다는 얘기다.

다시 말해 객관적인 인물이라야 한다. 부자에 대해서는 적의를 품지 않고 빈자에 대해서는 측은지심을 갖지 않고 사건을 냉정하게 바라볼 수 있어야 한다. 그러지 않고 너무 가난하거나 너무 부유한 사람이 판사가 되면 어느 한쪽 세계만 바라볼 우려가 있다.

판사는 법대로 판단하는 사람이지, 특정한 집단을 편들어서는 안 된다. 그래서 필자는 대학 후배들에게도 중산층 가정의 딸을 배우자로 삼을 것을 권한다. 법조인의 삶을 살아가는 데 있어서 객관성을 잃지 않도록 하기 위해서다.

둘째, 판사는 성적이 뛰어난 학생들을 선별하도록 해야 한다. 아울러 학업 중 6개월 내지 1년 정도 고아원이나 노숙자들의 거처, 카바레, 병원 등을 방문하며 실업자나 노인 등 다양한 사람들을 만나볼 기회를 가졌으면 한다. 그렇게라도 다양한 인생경험을 한다면 왜곡된 판단을 줄일 수 있을 것이다.

지금도 필자는 종종 탑골공원을 찾곤 한다. 탑골공원을 꽉 채운 노인들은 사연도 제각각이다. 며느리의 괄시를 피해 나온 어르신이 대부분이지만 끼니를 해결하러 나온 노인도 많다. 이들은 무료 급식을 두고 다툼을 벌이기도 하고 바둑을 두거나 가끔은 내기 고스톱을 벌인다.

판사가 될 사람이라면 탑골공원의 노인들이 어떤 하루를 보내는지, 얼마나 아픈 사연을 가졌는지 헤아릴 수 있어야 한다. 판사가 되기 전에 많은 경험을 하는 것이 중요하다는 뜻이다.

다만 판사에게는 넉넉한 월급이 주어졌으면 한다. 판사가 금전적인 문제에 영향을 받지 않게 해주는 것은 법치 민주주의를 유지하기 위한 최소한의 비용이라고 생각한다.

변호사의 직능 확대를 생각할 때

요즘 변호사들이 줄이어 배출되고 개업도 많이 하면서 수임료는 오히려 크게 떨어지고 있다. 문제는 변호사 수만큼 사건이 늘지 않는 데 있다. 따라서 변호사의 직능을 확대할 수 있는 방안을 진지하게 고민해볼 필요가 있다.

필자는 사회 신뢰성을 높일 필요가 있는 영역에서 변호사의 직능 확대를 법원행정처 간부들에게 제안한 바 있다. 물론 국민에게 부담을 주지 않는다는 전제도 잊지 않았다.

　상장기업이나 법인이 주주총회나 이사회를 열면서 반드시 변호사를 참석시키는 방법, 주주총회가 적법하게 의결되었음을 변호사가 검토하고 사인하게 하는 방법 등도 한 가지 예이다. 또 하나, 등기부에 변화가 생겼을 경우 계약서가 적법하게 작성되었음을 변호사의 사인을 통해 등기소에서 인정하게 하는 방법도 생각해 볼 수 있다.

　법원행정처는 필자의 의견 가운데 하나를 실제로 받아들여주었다. 상장법인이 주총을 열 때 반드시 변호사를 참석시키도록 한 것이다.

　그러나 등기부에 변호사가 사인하도록 하는 방법은 국민의 부담을 늘어나게 할 우려가 있다는 반론이 나왔다. 그렇다면 5만원이든 10만원이든 비용을 줄이면 된다.

　사실 우리나라 등기는 공신력이 없어 등기부에 기재된 사항이라 해도 믿기 어렵다. 등기부와 관련된 사기 사건이 많은 것이 바로 그 증거다. 따라서 독일처럼 변호사가 사인을 하도록 하면 등기부의 공신력을 높이는 방법이 될 수 있다.

　이를 위해 굳이 법률을 새로 만들 필요는 없다. 우선은 시행령만 바꾸어 문제점을 하나씩 개선해나가면 된다. 무슨 문제든 한 번에 바꾸려들면 개혁은 오히려 어려워질 수밖에 없다. 조금씩 변화를 만들어가되, 중단하지 않고 계속해서 고치려고 노력한다면 법조계의 당면과제도 하나씩 해결해갈 수 있을 것이다.

필자는 법조계에 재직하는 동안 세법을 네 가지나 바꾸었다. 우리 현실에 맞지 않는 법률을 찾아 재경원에 개정을 제안함으로써 법을 고치고 시행령을 바꾼 것이다.

이는 우리 국민들도 직접 나설 수 있는 몫이다. 깊이 있는 검토와 연구를 거친다면 국민의 제안을 법조계가 받아들이지 않을 리 없다. 아울러 법과대학과 로스쿨의 교수진 및 연구자들 역시 같은 역할을 일정 부분 책임져야 마땅할 것이다.

로스쿨을 생각하다

로스쿨 제도의 실제적 보완이 시급하다

법원과 법조인은 다양한 사건에 대해 법적 판단을 내리고 국민에게 법적 서비스를 제공한다. 로스쿨은 판검사와 변호사 등 우리 사회에 필요한 법조인을 양성하기 위해 만들어졌다. 전문 법조인을 양성하여 시대 변화에 맞춰가려는 법조계의 열망이 반영된 곳이 바로 로스쿨인 것이다.

당연히 로스쿨에서 가르치는 커리큘럼은 시대 상황과 세계적인 흐름을 정확히 반영해야 한다. 하지만 이에 대한 진지한 검토와 사회적 합의는 아직 미흡한 수준이다.

로스쿨을 처음 시작했을 때의 생각은 좋았다. 일반 상식도 배우고, 학부에서 다양한 전공을 거친 학생들이 다시 법학을 심화 전공하게 하자는 취지였다. 그런데 애초의 이상을 실현하기 위해 로스쿨의 커리큘럼은 어떻게 구성할 것인가, 누가 가르칠 것인가. 지금이라도 이에 대한 검토와 연구가 좀 더 체계적이고 합리적으로 진행되어야 한다.

우선은 교과목을 보다 현실적으로 바꿀 필요가 있다. 더불어 교수진도 어느 정도 바뀌어야 한다. 특히 경제 분야에 관해서는 외국의 전문가를 영입해서라도 학업수준을 높여주어야 한다.

한국 전문가를 배제하는 이유는 세법과 주식거래법이 너무 어렵다 보니 우리나라 사람들이 공부를 소홀히 해왔기 때문이다. 실제로 S회계법인이나 K 사 소속의 전문가들과 세법에 대해 토론해보면 외국의 전문가에 비해 실력이 아직 부족함을 알 수 있다.

따라서 우리의 로스쿨은 외국의 전문가들에게도 문호를 활짝 열어 각 분야의 학자와 경제계 유명 인사들을 강사로 모셔 한국의 오피니언 리더층을 만드는 데 봉사하도록 해야 한다.

고위공무원이 되는 길을 일원화하는 방법도 검토해봄 직하다. 로스쿨을 나온 사람이 외교관도 되고 재경원 장관도 되는 시스템은 어떨까. 미국의 경우 국가나 주정부가 시행하는 시험은 변호사 시험이 전부다. 변호사 시험에 합격한 사람들 가운데에서 판사가 나오고, 검사와 외교관도 나온다. 미국의 상하원의원을 합치면 3분의 2가 변호사 자격을 가지고 있다는 얘기도 들린다. 프랑스도 마찬가지다. 법률과 경제 분야를 통틀어 고위공무원이 되는 시험은 단 하나뿐이다.

이에 반해 우리나라의 고위공무원 등용시스템은 지나치게 세분화되어 있다. 사법시험에 합격하면 사법부로, 행정시험에 합격하면 법제처나 내무부로 배정되고, 재무부나 경제지원부로 가기 위해서는 재정직에 합격해야 한다. 이 같은 구조는 일본의 영향을 받아 생긴 관행일 뿐, 이제는 손볼 시점이 되었다.

일각에서는 로스쿨 개교로 인해 부의 세습을 우려하는 의견도 많다. 일리 있는 지적이다. 로스쿨은 수학 기간이 3년이고 학비도 꽤 비싼 편이어서 장학금제도가 활성화되지 않으면 부잣집의 머리 좋은 자녀만 들어갈 수밖에 없다.

미국의 경우 직업학교에는 장학금제도가 없다. 구체적으로는 법과대학과 의과대학이 여기에 해당된다. 이들에게 장학금 제공을 배제하는 이유는 사회 지배계층이 되기 위한 과정으로 보기 때문이다. 하지만 학비는 빌려준다.

우리는 어떤 대안을 찾을 것인가. 어떤 방법이 좋은 선택인지에 대해서는 교육당국이 학부모와 재학생, 졸업생, 법조 관련 전문가와 함께 공청회를 열어 좋은 방안을 찾아내고 국회가 이를 적극적으로 도와야 한다. 민간 차원에서 해결하기란 쉽지 않은 문제이기 때문이다.

코먼로와 에퀴티

우리 로스쿨의 개선점을 찾기 위해서는 영국이나 미국의 사법시스템에 대해 이해하는 노력 또한 중요하다.

단또 교수라는 일본의 유명한 형법학자는 미국의 법 이론을 공부하고는 그다지 배울 게 없다며 돌아와버렸다. 물권법의 대가인 한국의 모 교수 역시 같은 이유로 6개월 만에 돌아왔다. 그들의 판단이 과연 옳은 걸까.

영미법에는 봉건주의 시대부터 현대에 이르는 오랜 경험과 연륜이 녹아 있다. 그들 나름의 전통을 단면만 보고 무시해서는 안 된다는 얘기다.

개념의 차이부터 살펴보자. 누군가 라이터 같은 물건을 샀다고 치면 그것은 우리나라에서는 천년만년 내 것이다. 살아 있는 동안에도 죽은 뒤에도 마음대로 할 수 있고 상속도 가능하다. 이

것이 우리의 법 개념이다. 영미법은 다르다. 살아 있는 동안에만 내 것으로 간주한다.

영미법은 신탁법 또한 발달해 있다. 변변치 못한 자식이 있다면 재산을 신탁회사에 맡겨 생활비만 주도록 하면 된다. 자식이 살아 있는 동안에만 유언을 적용할 수 있도록 하는 것이다. 그러나 우리나라에서 상속은 재산에 관한 포괄적인 권리와 의무를 완전히 승계하는 것을 말한다.

또 하나, 미국 법에 따르면 상속이 가능한 결혼의 동거기간은 10년으로 정해져 있다. 그 이상 두 사람이 함께해야 남편의 재산이 부인에게 이전되고, 그전까지는 아이들에게 상속된다. 그래서 신혼인 아내는 남편과 별도의 계약을 맺는다. 그리고 그 계약은 법적으로 효력이 인정된다.

우리나라는 재혼의 경우 돈이 많은 남편이나 아내는 동거는 하되 혼인신고는 기피한다는 이야기를 들었다. 혹시 자신이 일찍 죽을 경우 배우자의 몫이 자녀들 몫보다 1.5배나 많다는 점 때문에 자식들을 배려하려는 목적에서다.

어떤 사람이 집을 팔기로 했다. 그런데 파는 쪽에서 계약을 이행하지 못할 사정이 생겼다. 이 경우 우리법과 영미법의 대처는 어떻게 다를까.

우리나라의 경우에는 부동산을 팔기로 계약하고 계약금과 중

도금까지 받았다면 그 집에 대한 등기를 반드시 넘겨야 한다. 이를 특정물 인도소송이라고 한다. 그러나 특정물 인도소송에 관해 영미법은 피해자가 입은 손해만 보상하도록 하고 있다. 이것을 보통법 또는 코먼 로common law라고 한다.■

하지만 이 경우 생길 수 있는 형평상의 문제를 보완하기 위해, 별도의 소송을 제기해 계약의 이행을 청구할 수 있는 법적권리 또한 보장하고 있다. 이것이 앞서 언급한 형평법, 즉 에퀴티equity를 통한 권리구제다. 즉 법원이 금전적인 손해배상만으로는 불충분하다고 판단하면 애초의 계약내용에 따라 부동산을 넘기도록 강제할 수 있다. 코먼 로이냐 에퀴티냐에 따라 손해배상을 받을지, 특정물을 인도받을지 여부가 법적으로 정리되는 것이다.

그런데 에퀴티로 특정물을 인도받기 위해서는 인도받으려는 사람이 법적으로 깨끗해야만 한다. 어떤 흠도 없어야 된다는 말이다. 이를 법적용어로는 클린 핸드clean hand 룰이라고 한다.

■ **코먼 로**common law | 흔히 보통법普通法으로 번역된다. 잉글랜드 전체에 공통적으로 적용되는 보편적인 법이라는 뜻에서 붙은 이름이다. 그 후 이에 대립해서 생긴 에퀴티equity 혹은 형평법衡平法을 포함하는 판례법의 뜻으로도 쓰였다. 판례법으로서의 코먼 로는 선례先例 속의 판결이유의 부분이 유사한 후례後例를 구속한다는 방법으로 형성되는데, 법관에 의한 해석의 여지가 있고 이에 따라 시대의 요청에 적응할 수 있는 탄력성·계속성을 가지고 있다는 특징이 있다. 코먼 로는 나아가 판례법에 대립되는 제정법制定法까지 포함하는 영미법을 뜻하기도 하는데, 이 경우 판례가 구속력을 가지는 점에서 대륙법 체계와 구별된다.

한편 미국 법은 제2차 세계대전 이후 미국이 세계 초강대국으로 부상하면서 국제법처럼 통용될 만큼 위상이 높아졌다.

미국법의 특색은 연방과 각 주州에 법원과 입법부가 있어, 판례법과 성문법이 이원적으로 존재할 뿐 아니라 각 주마다 다른 법이 병존하고 있다는 데 있다.

최근에는 주법州法 통일운동이 일어나, 미국법률협회American Law Institute에서 주요법안의 판례를 모아 조문 형태로 집대성한 리스테이트먼트Restatement가 만들어지기도 했다. 이에 따라 판례구속성의 원칙에도 변화가 찾아와, 판례에 의존하기보다 표준화된 법조문에 근거하여 판결을 내리는 경우가 많아졌다.

로스쿨 정원 문제

로스쿨 정원 문제가 법조계의 뜨거운 감자가 되고 있다. 로스쿨 정원을 결정하는 데 있어 가장 중요한 쟁점은 변호사 시험제도다. 현재 변호사 시험은 1천 명 규모를 선발하고 있지만, 로스쿨 정원은 2천 명 수준이다.

필자는 그 가운데 절반은 떨어뜨려야 한다는 생각이지만 교육부나 로스쿨 측 생각은 조금 다른 것 같다. 떨어진 학생들을 어떻게 할 것인가 하는 문제 때문이다. 결국 1,500명 정도를 합격시키는 수준에서 양보가 이루어졌다. 이는 수급의 문제이므로 소비자에게는 좋은 일이다.

사실 로스쿨 정원은 자연히 변호사들의 밥그릇 문제와 연관이 있다. 좁은 시장에 변호사가 많이 배출되면 그만큼 수임료가 낮아지기 때문이다.

필자는 1982년에 변호사를 개업했지만 보수는 지금과 큰 차이가 없다. 그러나 직원들 월급이나 임대료는 5배 이상 올랐다. 실제로 변호사 가운데 3분의 1 정도가 임대료조차 제때 못 낸다는 소문도 들린다. 과장일지 모르지만 그만큼 경쟁이 심해진 것만은 분명하다.

변호사 세계에도 이제 전문화가 요구되고 있다. 나 아닌 다른 변호사는 넘볼 수 없는 영역이 있어야 살아남는 시대가 된 것이다. 변호사뿐만이 아니다. 변리사, 세무사, 회계사 할 것 없이 특정 분야의 전문가로 성장해야 각광받는 시대가 열리고 있다.

법률 서비스가 향상되고 특정 분야의 전문가가 늘어나면 소비자들의 입장에서는 반가운 일이 아닐 수 없다. 이것은 시대의 요구이다. 앞으로 사회에 진출하는 변호사들은 이 같은 시대적 변화를 제대로 인식하고 철저히 대비할 필요가 있다.

법조계에도 로스쿨에도 전문가가 필요한 때

2010년 정초에 내려진 법원의 백혈병 약값에 대한 판결은 우리 사회를 적잖이 놀라게 했다. 백혈병 환자들은 질병의 고통에다 수백만 원에 달하는 고가의 글리벡 약값을 이기지 못해 수년간 약값 인하 투쟁을 벌여왔다. 그런데 정부의 가격 가이드라인이 법적으로 문제가 되면서 법원이 약값 인하 조치를 취소할 것을 명령한 것이다.

글리벡 약값인하처분 취소소송＊에 대한 서울행정법원의 판결이 다국적 제약회사의 손을 들어준 이 사건은 국민의 법 감정과는 크게 다른 판결이 나오면서 그 배경에 관심이 쏠린 바 있다.

사실 글리벡 약값 논란은 특허제도 전반에서 불거지고 있는 문제다. 신약을 개발할 경우 특정 기간 특허가 보장된다. 이 기간 동안 신약을 얼마나 생산할지 여부는 특허권자 혹은 특허권자와 손잡은 기업의 뜻에 달려 있다.

■ **글리벡 약값인하처분 취소소송** | 다국적 제약회사인 노바티스는 2009년 6월 보건복지부가 백혈병 환자들의 신청에 따라 약값을 14% 인하하는 결정을 내리자 소송을 낸 바 있다. 재판부는 인하되기 전의 글리벡 가격이 법령에 따라 서방 7개국의 평균가격으로 정해진 이상 불합리하다고 볼 수 없다는 판단을 내렸다. 글리벡 약값은 암의 종류와 상태에 따라 다르지만, 백혈병 환자 한 사람에게 투입되는 약품비가 월 평균 276만 원이 넘는 것으로 알려져 있다.

가격도 마찬가지다. 제약사 혹은 독점 판매사가 책정한 가격을 내리라고 하는 것은 정부의 부당한 간섭이 된다. 정부는 소비자의 권리와 마찬가지로 특허권자의 권리를 보호할 책임이 있다.

에이즈만 하더라도 각종 신약이 등장하면서 이제는 관리 가능한 질병으로 바뀌었지만, 환자가 비싼 약값을 감당할 수 있는지 여부가 관건이 되면서 지구촌 빈부 격차의 문제가 되고 말았다. 특허 또는 공급의 권리자와 사용자의 정서적 괴리는 우리나라만의 논쟁이 아니라는 얘기다.

다만 특허와 같은 지적재산 보호를 위해서는 각국 정부의 노력이 뒷받침되어야 한다. 선진국일수록 특허제도를 폭넓게 보장하고 있고, 이를 지키려고 노력하는 나라만이 장기적인 산업발전과 경제발전을 꾀할 수 있다.

2010년 현재 우리나라는 특허 등 산업재산권 출원수가 세계 4위에 올라 있다. 조류인플루엔자의 치료제인 타미플루도 미국 제약회사인 길리아드에서 근무하는 한국인이 개발한 것으로 알려져 있다.

여기서 주목할 것은 지적재산 보호에 적극적이어야 할 또 다른 주체가 바로 법조인이라는 사실이다. 법조인이 새로운 분야를 공부하여 전문가가 된다는 것은 쉬운 일이 아니다.

그러나 공부와 연구 없이는 특허와 첨단 분야에서 전문 변호사의 역할이 점점 더 필요해지는 환경을 감당하기가 어려울 것이다. 전문가로 구성된 교수진이 로스쿨에 반드시 투입되어야 하는 이유다.

로스쿨의 교과목, 어떻게 개선할 것인가

법과대학의 커리큘럼과 더불어 로스쿨의 커리큘럼은 또 어떻게 개선하고 조정해가야 할지 구체적으로 생각해보자.

당장 문제가 되는 것은 세법과 국제법이다. 두 과목 모두 사법시험에는 없는 선택과목이라는 점 때문에 이를 수강하는 학생 수가 매우 적다. 그러기에 두 과목 모두 필수과목으로 바꿀 필요가 있다. 이를 위해서는 사법시험 과목에 우선 추가해야 한다.

필자는 사법시험 출제를 5년이나 맡았다. 변호사로서 석 달씩 격리되어야 하는 주관식 출제는 맡을 수 없어, 객관식 중에서도 국제법 과목을 출제했다. 세법도 주관식 필수문제에 포함시키자고 건의했더니, 관련 부서에서 소득세법만 사법시험 1차 과목에 넣어주었다. 사실 시험과목에 포함시키는 일보다 중요한 것은 사회현상을 보다 현실적으로 반영하는 커리큘럼을 구성하는 일이다.

형법상의 불능범과 마찬가지로 민법에는 물권법이 있다. 물권이란 부동산 등 특정한 물건을 직접 지배하거나 이용할 수 있는 권리로, 제3자에 대해 자신의 권리를 주장할 수 있다. 이는 계약 맺은 사람 간에만 효력이 발휘되는 채권과 구분된다.

가령 갑이 을에게 1억 원을 빌려주며 차용증을 받았다면 신용을 매개로 한 차용증은 채권에 해당된다. 하지만 이때 을의 부동산에 저당권을 설정했다면 해당 부동산에 권리를 행사할 수 있는 물권이 보장된다.

매매계약을 하고 등기를 넘김으로써 물권을 변동시키는 법률행위 즉 물권행위는 취소가 불가능한 반면, 채권행위는 취소가 가능하다. 그런데 학자들 사이에서 실제 물권행위 역시 취소가 가능한지 여부를 놓고 논쟁이 벌어졌다. 독일에서도 일본에서도 같은 공방이 이어졌다.

문제는 막상 법조인이 되고 보니, 그 같은 논쟁이나 고민이 실제 법조생활에 아무런 영향도 미치지 않는다는 점이다. 비단 물권뿐만이 아니라 독일이나 일본에서 건너온 불필요한 논쟁을 젊은 시절 우리는 상아탑적 흥미에 빠져 오랜 시간 매달려야 했다. 그러나 미국의 경우 단지 사유나 재미를 위한 공부는 일체 하지 않는다. 오히려 꼭 필요한 실용적인 공부에 주력하고 있다.

최근 우리나라도 여러 가지 시대적 요구를 반영해 커리큘럼을 개선해나가고 있다. 우리의 법률문화가 비로소 독일이나 일본의 영향권에서 점차 벗어나고 있다는 증거다. 그러나 솔직한 욕심으로는 법학교육의 변화와 발전에 좀 더 가속도가 붙었으면 하는 바람이다.

Legal Mind

9장
법률시장 개방, 실보다 득이 크다

Legal Mind

법률시장 개방을 둘러싸고 이견이 부딪히고 있는 가운데 사법부의 개혁과 맞물려 뜨거운 화두가 되고 있다. 이는 어느 한쪽이 옳고 그른가의 개념이라기보다 실리와 명분, 그리고 관점의 차이에서 논의되어야 할 문제다. 필자는 개방을 받아들이는 편이 실리가 더 크다고 보는 쪽이다. 이와 관련한 세간의 여론과 필자의 생각을 정리해본다.

법률시장 개방을 직시하라

법률시장 개방에 대한 찬반양론

법률시장 개방에 대한 논쟁은 1990년 중반부터 불붙기 시작해, 아직은 많은 이들이 반대하고 또 다른 이들은 개방을 주장하고 있는 상황이다.

물론 법조계의 어르신 대부분은 개방을 반대하고 있다. 그들은 '법률은 우리 사회의 정통성과 우리만의 고유한 특성을 내재하고 있으므로 외국에 내줄 수 없다'는 입장이다. 법에 대한 신성함과 가치관을 강조한 나머지 국권수호와 같은 개념으로 바라보는 시각이다. 그러나 과연 그들의 말이 옳은 걸까.

법률은 상품과는 다르다. 변호사법에 보면 변호사를 '사회적 지사'로 규정하고 법률서비스를 한다고 되어 있다. 여기서 지사 志士란 나라와 민족을 위하여 제 몸을 바쳐 일하려는 뜻을 가진 사람을 가리킨다. 다시 말해 변호사는 사회적으로 나라와 민족에 유익한 일을 해야 하는 사람이다. 그렇다면 법률시장의 개방도 같은 이치에서 생각해보면 되지 않을까.

일단 개방을 반대하는 많은 이들은 해외의 유수 인력이 들어오면 우리나라 법률시장이 무너지고 외국에 종속될 것이라고 주장한다.

영화시장 개방을 둘러싸고 치열한 논쟁이 벌어지던 시절, 대다수를 차지하던 개방 반대론자들은 연간 수백 편씩 제작되던 영화가 개방 후에는 두어 편에 그치고 있다는 브라질을 예로 들며 외국 시장에의 종속을 크게 염려했다.

그렇지만 현재 한국 영화시장은 정부와 업계의 노력으로 할리우드 작품을 능가하는 관객동원수를 자랑하고 있다. 이와 함께 국내에서 국제영화제가 줄지어 열리는 것은 물론 칸 영화제 등에서 우리 영화의 마케팅이 활발해지는 등 세계 영화인들이 주목하는 영화 발신기지로 급부상하게 되었다.

법률시장도 마찬가지다. 국내에서 해외 변호사를 고용하고 우리 자신도 해외로 진출해야 할 시점에 이르렀다. 1990년대 중반 한국에는 미국 변호사가 150명 정도 들어와 있었다. 국내에서도 외국법에 대한 수요가 이미 생기기 시작한 것이다.

당시 외국 변호사를 고용한 것은 한국인이었다. 우리나라 사람이 외국인을 고용해 쓰면서 외국 로펌이 들어오는 것을 어떻게 막는다는 말인가. 또 개방을 반대하면 우리나라 변호사들은 어떻게 해외로 진출할 것인가. 그렇다면 문호를 여는 대신 우리도 외국에 나가 업무영역을 키우고 확대하면 되지 않을까.

실제로 개인적인 찬성이나 반대와 관계없이 이미 국내 법률시장은 시장 개방을 준비하고 있다. 로펌의 대형화와 전문화·국제화, 법률 서비스의 제고, 국내 법조인의 해외 수출 등이 그것이다.■

■ 2009년 3월 2일 외국법자문사법이 국회에서 통과돼 시장 개방을 향한 진일보가 이루어졌다. 이에 따라 미국·아세안(동남아국가연합) 등과의 자유무역협정FTA이 발효되면, 법률시장 개방이 본격화될 전망이다. 한미 FTA가 발효되면 5년 안에 미국과 국내 로펌의 합작회사 설립이 허용되는 등 단계적으로 법률시장이 개방된다. 이미 유럽자유무역연합(스위스·노르웨이·아이슬란드·리히텐슈타인)과의 FTA는 발효된 상태다. 이 법에 따르면 외국 변호사들은 '외국법 자문사' 자격으로 자국의 법령이나 조약, 국제관습법 등을 자문하고 국제 중재사건 등의 대리업무를 수행할 수 있다. 그러나 한국 법정에서 소송을 대리하거나 변호를 할 수는 없다.
한국에서 활동하려면 '외국법 자문사FLC·Foreign Legal Consultant'라는 직함을 써야 하고, 사무소는 '외국법 자문 법률사무소'라는 식의 명칭을 달아야 한다. 외국법 자문사는 자국에서 3년 이상의 변호사 경력이 있어야 하며, 외국법 자문사 자격을 얻으면 1년에 180일 이상 한국에 체류해야 한다. 국내 변호사·법무사·변리사·공인회계사·세무사·관세사와의 동업은 금지된다. 한편 법은 기존 외국 로펌과 연관된 사무소 형태만을 허가해, 자격에 미달하는 외국 변호사의 개인사무소 개업 능은 차단했다. 출처 〈조선일보〉

세계 법률시장 개방 현황

세계 법률시장 권역은 크게 네 개로 나누어진다. 우리는 보통 법률시장을 구분할 때 영미법과 대륙법이라는 두 가지 권역만 생각한다. 그런데 국내외에서 실제 법률 사안과 부딪히다 보면 영미법과 대륙법만 가지고는 제대로 충족되지 않는 경우가 생긴다. 그래서 스페인 권역에 이어 네덜란드 권역이 추가됐다. 과거에는 이 네 가지 권역에 덧붙여 공산주의 법률도 포함시켰지만, 지금은 공산주의의 쇠퇴로 더 이상 구분할 필요가 없어졌다.

한번은 영미권으로 생각하고 있던 인도네시아 변호사에게 자문을 구했더니 영미법 계통과는 다르다는 이야기를 들었다. 알고 본 즉, 인도네시아는 네덜란드 영향권 아래에 있었다. 네덜란드는 제국주의 시대에 식민지를 여럿 개척하면서 많은 나라에 자국의 법률을 적용했다.

스페인의 경우도 미국에 적지 않은 영향을 미쳤다. 미국에는 영국과 스페인, 네덜란드 등이 신대륙 개척이라는 이름 아래 뿌리를 내린 바 있다. 식민지 주가 애초에 어느 나라의 영향을 받았는지, 혹은 어느 나라 국민이 정착했는지에 따라 법률체계도 달라졌다. 예를 들면 스페인이 통치하던 서부해안지역이나 플로리다는 스페인법과 대륙법의 영향이 아직도 남아 있다.

그렇다면 세계 법률 시장은 현재 얼마나 개방되어 있을까.

EU는 EU 지침에 따라 EU 법률시장 내의 법조인을 모두 동등하게 처우한다. 물론 일정한 조건이 전제되지만 EU 법률시장의 권역은 하나라는 것이 그들의 생각이다. 그러나 구체적으로는 조금 다른 면도 있다.

영국은 사실상 세계 최고의 법조인 양성국이다. 영국의 로펌은 세계로 진출하여 인정을 받는 동시에 해외에서 들어오는 법조 인력도 일정한 조건하에 고용을 인정하고 있다.

프랑스는 법 개정 후에 법률고문이라는 명부에 등록된 외국 변호사에게 자문을 허락하고 있다. 외국 변호사의 경우 프랑스의 적성시험에 합격하면 프랑스 법률업무를 취급할 수 있다. 이 때문에 해외의 대형 로펌들이 이미 진출 중이다.

독일의 경우도 프랑스와 비슷하여 EU 회원국 변호사들에게 독일 내 활동을 보장하고 있다. 그러나 변호사 수가 크게 늘면서 수익성이 떨어져 재정적으로 어려움을 겪는 변호사가 늘어나고 있다.

일본의 경우, 그동안 지속적이면서 점진적으로 시장을 개방해왔기에 시장 개방의 충격은 크지 않으며 기존 일본계 로펌의 와해를 막기 위해 전문화·특성화·대형화를 이루어왔다. 하지만 중소형 로펌은 상당수 영미권에 합병되어 생존이 어려워진 것이 사실이다.

OECD 보고서의 통계에 따르면 법률 분야에 있어 세계 100대 로펌 가운데 98개가 미국, 영국, 오스트레일리아, 캐나다 로펌이 차례로 차지하고 있는 것으로 밝혀졌다. 영미권 로펌이 전 세계 시장을 석권하고 있다는 뜻이다. 시장 개방에 앞서 철저한 준비가 필요하다는 점을 시사하는 대목이기도 하다.

한국 법률시장의 현주소

한국의 법률시장 규모는 얼마나 될까. 부가세 10%를 부과해 3천억 원 정도가 국고수입으로 잡히고 있으며, 언론에서는 2조 원 규모로 추산하고 있다.

그런데 문제는 우리나라 전체 산업구조에서 법률시장 규모가 차지하는 비중을 살펴보면 상대적으로 시장의 크기가 점점 줄어들고 있다는 점이다. 세계적 규모의 기업과 변호사 시장을 비교한다는 것이 무리일는지는 모르나, 삼성전자는 작년 매출이 120~130조나 되었고 순이익만 해도 10조에 가깝다. 대기업의 1년 순이익보다 한국 전체 법률시장의 크기가 더 작다니 기막힌 노릇이다.

이는 법률시장의 구조적인 문제 탓도 크다. 변호사와 변리사의 경우, 사무실을 열고 대형회사로 키울 수 있는 사람이 기본적으로 그 자격이 변호사로 제한되어 있다. 공인회계사도 마찬가지다. 그러나 병원의 경우, 의사 자격이 없는 사람이라도 이사장이 되어 병원을 세울 수 있다.

시장개방에 대비하고 고용인원을 늘리기 위해서는 법률회사를 현대화시키고 변호사가 아닌 인력이라도 법무법인을 만들어 대표가 될 수 있도록 해야 한다. 그래야만 자본력 있는 사람이 법조계에 투자하고 그 수익으로 다시 우수한 인력을 양성하여 법률시장을 확대시킬 수 있다.

나아가 어떤 재단이든 누가 나서든 간에 우리나라와 상대하고 거래하는 선진국 여러 나라와 전 세계에서 경쟁력을 발휘할 수 있는 대형 법무법인의 설립도 절실하다.

현재 우리나라에는 100명 이상의 변호사를 고용하고 있는 대형 로펌이 여러 개다. 김앤장 법률사무소, 법무법인 태평양, 율촌, 광장, 화우, 세종 등이 대표적이다. 이는 아시아 국가들과 비교해봐도 적지 않은 규모다. 변호사의 주요 업무영역이 법해석에 치중되어 변호사가 많이 필요하지 않는 일본의 경우 기껏해야 30~40명 수준이다.

그러나 문제는 한국 대형 로펌의 현안과 문제점, 향후 대책에 대한 구체적이고도 체계적인 연구나 진단이 전혀 이루어지지 않고 있다는 데 있다.

현재 국내 민사소송 가운데 50% 이상을 차지하는 우리나라 대형 로펌의 속내를 들여다보면, 고위 법조계 출신을 모셔 사건 유치용으로 활용하고 그 아래는 중간 간부자급과 실무자급으로 나누어 회사를 운영하는 일률적인 방식을 따르고 있다. 소위 얼굴마담과 중간관리자의 결합인 셈이다.

게다가 이들이 말하는 전문화란 자기들끼리 업무영역을 나눈 데에 지나지 않는다. 하지만 업무를 단지 세무 분야다 교통사고 분야다 해서 편의상 구분한 것을 과연 전문화라 할 수 있을까. 정작 필요한 외국법제 전문변호사는 찾아볼 수 없는 것이 이들 대형 법무법인의 파행이다.

문제는 그뿐만이 아니다. 이들 대형로펌 소속의 검찰총장 출신 변호인의 보수가 5천만 원에서 1억 원 이상이라는 소문도 들린다. 이렇게 생긴 수익을 자기들끼리 나눠 먹는다는 것이다. 누군가는 이 현상을 진단하고 개선해야 할 테지만 지금으로서는 방법이 없다.

한편 법률 무역수지 악화▪ 역시 법률시장을 적자로 내모는 주요한 원인 가운데 하나다. 우리나라 기업들은 국내든 외국이든 문제가 생기면 외국 변호사를 쓰는 이상한 사대주의에 빠져 있다. 특히 외국에서 문제가 생기면 전적으로 외국 변호사에게 사건을 의뢰한다. 이 때문에 해외로 많은 돈이 빠져나가면서 법률 무역수지는 점점 악화되고 있다. 전문적인 능력을 갖춘 변호사를 찾기가 쉽지 않아 그럴 수도 있겠지만 국내 변호사에게 믿고 맡기는 마인드의 변화가 아쉽기만 하다.

이런 상태가 지속된다면 우리나라 부모들이 장차 자식을 법조인으로 만들고 싶어 할까. 한국의 법조인에게 과연 미래가 있을까. 앞서 밝혔듯이 우리 법조계에는 임대료도 못내는 변호사가 상당수다. 참으로 비참한 지경이 아닐 수 없다.

그에 비하여 미국의 변호사들은 행복한 축에 속한다. 미국은 제도적으로 변호사가 많을 수밖에 없다. 스페인 계통은 스페인식 법률을 참조하고 포르투칼의 영향을 받은 주는 포르투칼식 법률 형태를 참조하는 등 주마다 법률 적용이 다르기 때문이다.

법률시장이 앞으로 어떻게 전개될 것인가를 예측하기란 쉽지 않다. 하지만 지금도 해외 로펌의 편법 영업이 심각한 수준이라

■ **법률 무역수지 현황** | 한국은행의 발표에 따르면 법률 서비스 분야의 무역수지는 수입이 줄고 지출은 늘어나는 만성적인 적자 기조의 유형을 보이고 있는 것으로 나타났다. 집계를 처음 시작한 2006년에는 2억 2,700만 달러의 적자를 기록했고, 2007년에는 1억 3,100만 달러로 줄어드는가 싶더니 2008년 2억 달러, 2009년 4억 7,100만 달러라는 심각한 적자를 기록했다. 그 내용을 보면 국내 로펌이 2009년 한 해 동안 M&A 등 각종 자문을 통해 외국기업으로부터 벌어들인 돈보다 국내 기업들이 해외 로펌에게 지불한 법률비용이 두 배 가까이 많아진 것을 알 수 있다. 수입이 5억 4,000만 달러인 데 반해 지출이 10억 1,100만 달러에 이른 결과다.

는 것이 법조계 전문가들의 공통된 의견이고 보면 세금 한 푼 내지 않고 그냥 가져가는 수익을 세금으로 돌려받아야 마땅하며, 국내 로펌의 경쟁력 강화를 위한 구체적인 대안들이 의논되어야 한다.

분명한 것은 집 지키기에만 매달리기보다 적극적으로 시장 경쟁력을 갖추어나갈 때 한국 법률시장의 미래와 비전은 우리 것이 된다는 사실이다.

Legal Mind

부록

한국 변호사들을 위한 변명

Legal Mind

다음 글은 한국 변호사업계의 현실과 문제점을 진지하게 생각해보고자 기존에 발표한 글을 모아 일부를 추려 수록한 것이다. 시기적으로는 차이가 있으나 앞서 필자가 주장한 내용의 뿌리를 확인할 수 있을 것이다. 현재는 필자의 주장이 받아들여진 부분도 있고 아직 전혀 변화되지 않은 부분도 있다. 사법개혁을 요구하는 소리가 거센 시점인 만큼 지금의 현실을 직시하는 데에도 도움이 되리라 본다.

국세심판원 혁신,
어떻게 생각하는가

〈세정신문〉 2007년 5월 10일

　국세심판원이 개원 이래 최초로 직원들의 윤리의식을 제고하는 윤리규범 제정·선포식을 가진 데 이어, 납세자 권리구제 기구로서 본연의 위상을 강화하기 위해 3대 혁신과제를 발굴·추진한다고 밝혔다.

　심판원의 이번 선포식은 지난 '75년 개원 이래 32년 동안 내재돼온 심판절차를 낱낱이 파헤쳐, 납세자가 진정으로 원하는 심판원의 위상을 구현하는 데 초점을 맞추고 있어 납세자단체 및 심판청구 대리인들로부터 큰 관심을 끌고 있다.

　선포식이 성료된 다음날 9일 국세심판원 비상임심판관으로

6년 동안 활동했으며 지난 연말 다시금 비상임심판관으로 선임, 예리한 소수의견을 내는 데 주저함이 없는 소신파 김기섭 변호사를 만나 심판원의 현재 위상과 향후 개선방안에 대한 의견을 물었다.

심판원이 납세자에게 진정으로 사랑받고, 권위 있는 권리구제기구로 새롭게 태어나기를 바라는 진정성이 흘러넘치던 김 변호사는 인터뷰 내내 심판원을 향한 쓴소리와 애정을 가감 없이 전했다. 김 변호사 사무실에서 가졌던 인터뷰 내용을 요약했다.

— 국세심판원이 지난 8일, 개원 이래 최초로 깨끗하고 공정한 심판업무에 나설 것을 다짐하는 윤리규범 선포식을 가졌습니다. 특히 이번 윤리규범 선포식은 준사법기관으로서의 심판원 위상을 고려할 때, 오히려 늦은 감이 있다는 지적도 있습니다. 그간 비상임심판관으로 활동하면서 봐온 심판원의 청렴성 지수 및 이를 향상시키기 위한 방안은 무엇입니까.

"국세심판원은 정부 각 기관 가운데서도 비교적 깨끗하다고 감히 말할 수 있습니다. 청렴이 무엇입니까? 결국 심판 진행과정에서 부당한 업무처리나 금품수수에 휘둘리지 않는 것입니다. 이 같은 관점에서 심판원은 극히 일부 사례를 제외하고는 청렴성 면에서 타 부처에 비해 깨끗하다고 볼 수 있습니다.

다만 이같은 시각은 정부기관 간의 상대적 평가를 전제한 것으로 절대평가에서는 좀 더 분발해야 할 것으로 보입니다.

깨끗한 심판원을 위해서는 무엇보다 직원들이 부정과 결탁할 위험소지를 줄이는 것이 효율적입니다. 이를 위해 조사관실 직원들의 보수는 물론 심판관들의 심판 보수도 현실화해야 합니다.

이와 함께 심판원의 청렴성이 일반 납세자들로부터 인정받기 위해서는 심판원 국·과장들의 퇴임 후 행보에 대해서도 진지한 성찰이 필요합니다. 이는 심판원뿐만 아니라 국세청 간부들에게도 해당되는 문제로 퇴임 직후 로펌 및 대형 세무·회계법인 등으로 진출하는 것이 당연시되는 풍조가 계속될수록 납세자들이 느끼는 청렴성 지수는 오히려 낮아질 것입니다."

― 심판원이 보다 적극적인 납세자 권리구제 기구로서의 위상 정립을 위해 서비스 기관임을 표방하며 납세자 만족도를 제고할 수 있는 여러 가지 방안을 발표했습니다. 주효한 방안과 함께 미진하거나 보충할 점이 있는지 말씀해주십시오.

"심판원의 존립 근거가 납세자 권리구제라는 점에서 납세자가 피부로 실감할 수 있는 서비스 제공이 시급한 상황입니다. 이번에 심판원에서 밝힌 납세자 만족도 제고방안을 살펴보면 납세자의 권리를 크게 신장시킬 수 있다는 점에서 무척이나 다행스럽게 생각합니다.

다만 원거리 납세자를 위한 '컨퍼런스 콜' 제도의 경우 자칫 형식적으로 치우칠 수 있다는 점에서 보다 꼼꼼한 제도 보완이 있어야 할 것입니다. 납세자가 청구서상에 미처 밝히지 못한 부문을 심판관 회의석상에서 직접 듣는 것은 납세자 민원 해소 차원에서 큰 도움이 될 것이나, 심판심리 과정에서의 실효성 측면은 장담하기가 어렵습니다.

특히 심판원이 납세자 만족도를 혁신적으로 제고하기 위해서는 지금과 같은 'everything or nothing(도 아니면 모)' 식의 심판결정에서 과감히 벗어나 과세기관과 납세자 간의 조정역할에 나서야 합니다.

현행 사법제도에서는 고소인과 피고소인 간의 원활한 합의를 위해 조정제도를 두고 있으며, 이는 국민의 법 감정을 거스르지 않는 한도 내에서 순기능을 다하고 있습니다. 심판원 또한 준사법기관임을 고려할 경우 이 같은 조정기능을 반드시 갖출 필요가 있습니다.

보다 구체적으로는 심판원 외부에 별도의 조정위원회를 설립하고 외부인사로만 구성된 위원을 위촉 후 세법이 미처 따라가지 못한 세금분쟁에 대해서는 과세기관과 납세자 간의 원활한 합의를 이끌어야 할 것입니다."

— 나 홀로 소송이 보편화되고 있으나, 심판청구 대리인의 조력을 받은 경우에 비해 인용률이 절반 이하입니다. 소액심판건의 특성상 대리인 선임비용이 큰 부담으로 작용한 것으로 보입니다. 납세자의 권익을 실질적으로 보호하기 위해서는 나 홀로 심판청구건에 대해서도 심판원이 지속적인 관심을 가져야 한다는 지적이 나오고 있습니다.

"이 문제는 심판원을 탓하기에 앞서 납세자의 권익을 보호한다는 세무대리인들에게 우선적으로 책임을 물어야 합니다. 대한변호사협회는 매년 별도의 예산을 책정해 억울한 송사에 휘말린 국민들을 대상으로 법률구조 지원활동을 펼치고 있습니다.

세무사회나 공인회계사회에서도 이를 적극적으로 벤치마킹해야 합니다. 납세자의 권익을 위한다는 명분 아래 행정소송권 부여를 주장하고 있으나, 심판청구 과정에서 형편이 어려운 납세자를 대상으로 어떠한 지원제도 및 활동도 마련하지 않고 있습니다.

감히 말씀드리건대 이는 대단히 잘못된 사례입니다. 세무사회나 회계사회는 이제라도 어려운 형편에 놓인 납세자를 위해 회원 가운데 별도의 심판청구 전문대리인을 선정하고 회 예산에서 이들에게 실비를 지급하는 등 납세자의 심판청구를 적극적으로 도와야 합니다."

— 심판원이 고질적인 늑장 심판처리를 타개하기 위해 단순사건과 복합사건을 별도로 접수한 후 단순·반복·소액사건은 우선적으로 처리하는 등 단순사건 신속처리제Fast track를 도입할 것임을 밝혔습니다. 제도 도입에 따른 파급효과로 기대할 수 있는 점은 무엇입니까.

"결국 납세자 만족도를 높이기 위한 조치로 볼 수 있습니다. 심판원이 납세자의 만족도를 높이기 위한 주효 방안으로는 크게 두 가지를 꼽을 수 있습니다.
　신속한 심판처리 과정과 공정한 심판결정을 들 수 있는데, 개인적으로는 신속한 심판처리 과정보다는 공정한 심판결정에 우선순위를 두고 있습니다.
　심판원이 이번에 도입키로 한 심판청구건의 이원화 시도에는 원칙적으로 찬성합니다. 다만 행정심판에서의 사례를 들어 좀 더 꼼꼼하게 운영해야 할 것으로 보입니다.
　법원의 경우 판사의 인성에 따라 형량에서 큰 차이가 납니다.

이 같은 차이는 특히 윤리적인 문제를 다루는 사건에서 편차가 큰 것이 사실입니다.

예를 들어 국민소득 1만 불 이상인 국가 가운데 간통죄를 유지하는 나라는 우리나라와 이탈리아가 유일합니다. 저 또한 간통을 이유로 법정에 선 사람들을 법정에서 봐왔지만 간통의 원인을 살펴보면 말 그대로 천차만별입니다. 이는 죄목은 하나이나 발생원인이나 배경을 결코 도식화할 수 없는 이유이기도 합니다.

심판원이 이번에 소액·단순·반복 심판건과 동일유형 사건에 대해서 표준업무 처리방안을 마련할 계획으로 알려졌으나 세금 민원은 결코 도량화·객관화하기가 쉽지 않습니다.

이왕 도입할 제도라면 세금 문제의 다양성을 받아들여 시간적인 여유를 충분히 갖고 업무매뉴얼을 만들어야 할 것입니다."

— 심판원의 전문성은 아무리 강조해도 결코 지나치지 않은 가장 기본적인 요건입니다. 장기간 지켜봐온 심판원의 전문성은 현재 어느 수준이며, 앞으로 이를 강화하기 위한 제언을 부탁드립니다.

"저 스스로도 심판원에 몸담고 있으나, 부끄럽게도 심판원의 전문성에 대해서는 50점밖에 주지 못할 것 같습니다.

전문성을 심판원에 한정할 경우 두 가지 측면에서 봐야 합니다. 첫째는 사실관계를 얼마나 정확하게 파악하느냐, 두 번째로 정확한 사실관계를 근거로 이에 딱 들어맞는 세법 적용을 할 수 있느냐 하는 것입니다.

현재 심판원에 있는 국장, 과장 및 조사관실 직원들을 살펴보면, 각 개인별로 전문성에 대한 편차가 너무나 크게 나타나고 있습니다. 충분한 세법지식과 사회의 다양한 행태를 경험한 직원이 있는가 하면, 심판결정문조차 끙끙대며 써 내려가는 직원도 일부 있습니다.

심판원은 납세자의 권리구제 기구이기도 하지만 관세관청의 부당한 세금 부과에 맞서 체계적인 세법지식을 동원해 설득하는 등 잘못된 부과처분을 취소하도록 해야 합니다. 그러기 위해서는 과세관청보다 뛰어난 세법지식과 다양한 사회행태를 경험해야 합니다.

심판원 전체 직원들에게서 보이는 또 다른 단점은 외국 세제에 대해 이해도가 극히 낮다는 점입니다.

IMF 당시 현대차의 기아차 인수 시, 기아차 채권단은 약 4조 원의 채권을 포기했습니다. 이에 대해 이익으로 간주하지 않는 등 과세처분을 하지 않았습니다. 당시 심판원이 외국 세제를 잘 알고 있었다면 심판원 고유의 역할을 해낼 수 있었겠지만 실상은 그러지 못했습니다.

전문성의 결여가 가장 큰 원인입니다. 동아건설과 현대건설, SK 네트웍스 등이 분식회계 적발 이후 환급을 요청했으나 심판원의 결정과 달리 대법원에서는 이들의 손을 들어줬지요. 비슷한 사례로 볼 수 있습니다.

심판원의 전문성을 강화하기 위해서는 각 직원들의 직무교육이 선행되어야 하겠지만, 무엇보다 심판원을 행정부처 내에서 독립시키고, 직원들 또한 사법부에 준하는 신분보장을 해주어야 합니다. 이 같은 요건이 충족된다면 심판원의 전문성은 물론, 공정성 또한 획기적으로 높아질 것입니다."

— 비상임심판관으로 활동하면서 개인적으로 가장 보람 있고 의미 깊었던 심판결정이 있을 것으로 생각됩니다. 또 금번 심판원의 혁신과제 발표와 관련해 한 말씀 부탁드립니다.

"DJ 정권 시절 언론사 세무사찰로까지 비화된 국세청의 언론사 세무조사를 기억하십니까? 당시 152개 언론사가 국세청의 세금 부과에 맞서 심판청구를 했습니다.

당시 심판관 회의석상에서 국세청의 엉터리 세금 부과에 손을 들어주려 하자. 사직서를 제출하겠다고 강경하게 반대 입장을 냈습니다.

결국 소수의견을 전향적으로 받아들여 언론사 세무조사건에 대해 심판원이 고유의 역할을 할 수 있었기에 개인적으로는 당시의 일을 보람 있는 기억으로 간직하고 있습니다.

심판원은 현재 주어진 여건하에서 최선을 다하고 있습니다. 아주 가끔 정치권에서 청탁이 오고 있으나 심판원장을 비롯한 심판관들이 몸을 바쳐 막아서는 등 독립된 심판조사 활동과 심리에 나서고 있음을 자신합니다.

심판원 개원 이래 최초의 윤리규범 제정과 혁신과제 발굴에 나선 이번 혁신활동이 모쪼록 큰 결실을 맺어 명실상부한 납세자 권리구제 기구로서 대외 위상을 확립하기를 진심으로 기원합니다."

법률시장 개방과
한국 법조의 대외지향성

〈시민과 변호사〉 1994년 7월호

한국의 변호사 시장 개방 문제에 대하여 필자는 〈시민과 변호사〉 5월호에 '법률시장 개방에 대한 진보적 자세'라는 제목으로 토론의 활성화를 꾀하고 이 문제를 다각적으로 살펴봄으로써 우리의 법조 현실을 진단하는 기회를 독자에게 제공하고자 하였다.

분명히 밝혀둘 것은 필자는 변호사 시장 개방 문제에 대해 무책임한 개방론자는 아니나 개방을 반대하는 쪽에서 내세우는 여러 가지 문제점들을 함께 고민하고 검증하기를 바라고 있다. 이를 통해 우리의 법학교육을 향상하고 사법부 및 검찰, 그리고 변호사로 구성되는 우리 법조인의 의식전환 및 질적 향상을 통해 대내적으로 법률소비자인 우리 국민에게 양질의 법률서비스를 제공하자는 것이다. 또한 이 시대가 요구하는 인권보장 및 경제적 형평을 통한 경제적 민주주의에 기여하고 대외적으로는 우리 기업의 해외진출을 도와 외국으로부터 부당한 법률적 차별을 받지 않도록 하자는 것이다.

아울러 한국 내에서 활동하며 똑같은 입장에 놓여 있는 외국기업 및 외국근로자에 대해서도 인류보편의 가치에 의한 정의로운 법률적 대우를 받게끔 하기 위해 우리 법조인이 무엇을 할 것인지를 함께 모색해봤으면 한다.

이상규 변호사는 〈시민과 변호사〉 6월호에서 '법률시장 개방에 대한 시비를 보고'라는 제목하에 한국의 변호사 시장이 개방되는 과정에서 참작하여야 할 사항으로 몇 가지 문제점을 거론하면서 결론적으로 변호사 시장이 개방되어서는 안 된다고 명기했다.

따라서 이 문제를 다른 시각에서 검토해보는 것이 이 시대를 살아가는 법조인의 의무라고 생각하여 필자는 또다시 변호사 시장 개방 문제와 관련하여 글을 쓰게 되었다.

변호사라는 직업

대저 변호사라는 직업을 어떻게 평가할 것인가. 이 문제는 실로 난해하다.

변호사라는 직업을 전문직종으로 인정하지 않는 공산주의적 시각에서부터 본인이 변호사이면서도 변호사를 의사, 자본가와 함께 근대 자본주의가 만들어낸, 신으로부터 저주받은 3대 직종이라 혹평한 인도의 독립운동가 간디도 있다.

변호사가 지배하는 제국이 고대로마와 미합중국임을 들어 50만 명 이상의 변호사를 양성하여 중국의 근대화를 촉진하겠다고 공언한 중국의 노련한 지도자 등소평은 또 어떤가. 변호사라는 직업은 이렇듯 부정과 긍정이 교차하는 상반된 평가를 받아 온 것이 사실이다.

변호사라는 직업의 사회적 기능, 국가의 공헌도에 대한 평가는 시대와 개인의 선호도에 따라 달라질 수 있을지 몰라도 근대 자본주의 국가에서 변호사라는 직업 자체의 기능은 고도의 법률 지식이라는 서비스를 의뢰인에게 전달하고 그 대가로 일정액의 보수를 받는 비지니스를 속성으로 하고 있음은 반박할 여지가 없다.

그런데 이 주장을 다시 생각해보면, 변호사 시장 개방을 요구하는 미국 측의 요구는 변호사라는 직업을 인권옹호와 사회정의의 실현을 도모하는 전문직종의 하나임을 강조하는 한국, 일본의 국민정서와 배치된다는 것이다. 또 이 주장은 변호사라는 직업을 사업의 일종으로 간주하는 미국적 사고의 표현이 아닌가 하는 비판도 있을 수 있다.

과연 미국 사회는 변호사라는 직업을 사업의 일종으로 보고 있을까.

미국에 있어서 1960년대와 1970년대는 흑인을 비롯한 소수민족에게 대다수 백인이 향유하고 있던 선거를 통한 참정권, 경제생활에서의 평등권, 그리고 대학교육의 균등한 기회를 부여하는 문제를 놓고 논쟁이 치열했던 격동기의 시대였다.

이 과정에서 보수를 받지 아니하고 미국 내 사회정의의 구현을 위하여 열심히 일한 일단의 변호사(그들의 대부분은 흑인 및 소수민족을 위한 변호사단체인 N.C.A.A.의 회원이었으나 그렇지 않은 변호사들도 상당수 있었다)들이 미합중국 헌법의 적법절차와 법 앞에 평등 조항을 소수민족에게도 구체적으로 적용할 것을 요구하여 승리한 바 있다.

이들은 한 걸음 더 나아가 미국 헌법의 규범적 적용은 국가와 개인에게만 적용되는 것이 아니라 개인과 개인 사이에도 적용된다는, 현대국가의 헌법 이론상 도저히 용인될 수 없는 파격적 해석을 미 최고법원으로부터 받아내기도 했다(그럼에도 불구하고 오늘날 미국 사회에서 유색인종에게 취업 및 승진의 기회가 백인과 똑같이 제공되느냐 하는 점에 대해서는 필자는 다소 회의적이다).

이러한 미국 변호사들의 노력에 의하여 미국 사회는 과격하거나 혁명적인 방법이 아니라 미국 최고법원을 비롯한 각급 법원의 헌법조항의 구체적인 해석을 통해 사회갈등을 해소했다.

그런데도 미국 사회가 변호사를 사업의 일종으로 보고 있다고 단언하는 것은 사회정의를 위하여 과거에도 그랬고 오늘날에도 노력하고 있을 것이라 짐작되는 미국 변호사들에게 너무나 가혹한 평가가 아닐까.

한국과 미국 정부 사이에 체결된 조세조약은 변호사라는 직업을 인적용역personal service의 하나로 보고 있으며 서방선진국 사이의 조세조약 모델도 이 관행을 따르고 있다.

일부 신문에서는 미국이 시장개방을 요구하고 있는 항목을 분류하면서 변호사라는 직업을 변리사, 공인회계사 등과 함께 개인서비스라는 항목에 포함시켜 보도하고 있으나 정확한 용어 사용은 정부의 공문서에 따라야 할 것으로 생각된다.

동질성 문제

변호사 시장개방 문제에 대하여 소극적인 주장을 펴는 쪽에서 가장 강조하고 있고 논리적으로 설득력을 갖는 근거 가운데 하나는 바로 양국 변호사의 자격 및 업무내용이 다르다는 데 있다. 이처럼 동질성이 없는 상황에서 변호사 시장이 개방되어서는 안 된다는 주장이다.

    이 문제는 한국 법조 현실 전반에 대한 검증과 객관적인 평가를 거친 후에 미국을 비롯한 서구선진국과 비교하여 우리가 갖고 있는 장점은 그대로 유지하되 잘못된 점은 고쳐 한국 법조계의 선진화를 기해야 할 것이라고 생각한다.

가. 법과대학의 학제
법조인을 양성하기 위한 기초교육을 담당하는 대학의 학제를 결정하는 문제는 각국의 형편에 따라 차이가 있을 수밖에 없다. 우리나라 법과대학이 4년제라는 사실에는 비판의 여지가 있으나 사법시험에 합격한 예비법조인을 2년간 사법연수원에 입소시켜 법조인으로서의 기본소양을 훈련받게 함으로써 도합 6년의 교육기간을 거치게 한다는 점에서 학제에 관한 한 그 어느 나라와 비교하여도 뒤떨어진다고는 볼 수 없다.

다만 법과대학에서 교육을 담당하고 있는 교수의 수준에 대해서는 대학과 법조실무계가 머리를 맞대고 국가의 백년대계를 위해 심각한 고민을 하여야 할 시점에 와 있다고 본다.

필자의 생각으로는 의과대학에 의사 자격이 없는 교수가 없듯이 법과대학의 교수도 사법시험에 합격한 우수한 인력이 진출하여야 직업학교의 하나인 법과대학의 특성에 장기적으로 부합될 것이라 생각한다.

나. 법과대학의 교육내용

오늘날 한국의 법과대학에서 교육하는 교과내용은 필자가 교육을 받았던 1960년대 중반, 국민소득이 100달러 남짓하던 당시의 그것과 크게 달라진 것이 없음이 현실이다. 국민소득이 2만 달러를 넘어서는 고도산업사회와 해외와의 물적·인적교류가 대량화될 수밖에 없는 시대를 눈앞에 둔 오늘날, 우리 법과대학의 교육내용 및 사법연수원의 커리큘럼은 과연 타당한 것일까.

개인과 단체의 경제교류에 필수적으로 수반되는 국내 및 국제조세 문제, 우리 젊은 과학도가 발명하고 고안해낸 산업재산권을 비롯한 지적소유권의 해외진출에 따른 법적보호 문제 등은 우리 법조인이 다루지 아니하면 안 될 새로운 법률현상일 것이다.

따라서 법과대학 및 사법연수원의 교육과정에 이들 분야가 포함되어야 함은 물론이고, 사법시험 과목에도 일부분 필수과목으로 지정되어야 할 것이다.

그렇게 하여야만 앞으로 다가올 고도산업사회에서 변호사라는 직종이 살아남을 수 있으며, 그러지 아니하면 변호사의 새로운 영역이 될 분야를 외국 변호사에게 넘겨주기 이전에 경쟁업종인 한국의 변리사와 공인회계사, 세무사에게 모두 양보해야만 할 것이다.

다. 법과대학의 업무영역

한국은 유사법률para legal 업종이 참 많은 나라이다. 일반적인 민·형사소송 및 행정소송을 위임받아 수행하는 일을 제외하면 일부 변호사가 맡고 있는 해외합작, 해외시장에서의 증권 및 사채의 상장 등 그 분야가 한정되어 있다.

그러나 변호사가 국민의 법률적 수요에 부응하기 위해서는 적어도 부동산 거래에 있어서 계약서의 내용과 당사자의 이행여부를 확인하여 그 결과를 토대로 매매, 근저당권 설정 등을 등기함으로써 부동산 등기의 공신력을 높여야 하지 않을까. 주식시장에 상장된 기업들의 주주총회에 변호사가 참석하여 그 절차 및 결의내용을 확인하는 절차 역시 필요하지 않을까.

위와 같은 제도의 도입은 법률의 개정 없이 대법원 규칙의 개정만으로도 가능할 것으로 보이며, 그 비용은 국선변호인을 기준으로 산정한다면 국민으로부터 저항감도 불러일으키지 않으리라 본다.

참고로 한국에서 형사사건의 변호사 선임료는 국민소득에 비해 비싼 편이며, 일본과 같이 형사사건의 변론을 변호사협회가 주도적으로 맡아 사건을 각 변호사에게 분담시키고 사선의 경우 (일본에서 형사사건의 사선선임 비율은 30% 내외다)에도 그 보수가 30만 엔을 초과하지 못하게 하는 시대가 한국에도 머지않아 찾아오리라 예상하고 있다.

위에서 살펴본 바와 같이 한국 법조인과 외국 법조인의 양성기관 및 기간, 교육내용, 업무형태를 비교할 때 동질성이 없다는 이유로 변호사 시장을 개방할 수 없다는 것은 오늘날 우리 법조현실에 안주하겠다는 소극적 의사 표시에 지나지 않는다.

오히려 변호사라는 직업의 직능을 확대하기 위해 적극적으로 외국의 법조현실을 검토한 후, 우리에게 모자라는 점은 보완하여 우리 법조인들도 해외에 진출함으로써 외국의 법조인과 당당하게 경쟁할 수 있게 되기를 기대할 뿐이다.

동서양의 법 관념의 차이에 대한 가설

가. 전통적으로 동양에서는 평화적인 화해나 조정을 통해 분쟁을 해결해왔고, 서양은 법의 지배와 재판에 의존해왔다고 주장하는 독일 법사학자들의 흥미로운 가설이 있다.

우선 논리적으로 이러한 가설이 진실인지 여부를 검증하기 위해서는 첫째, 비교대상이 되는 문화권 또는 국가 사이에 법률분쟁이 일어날 만한 경제적·문화적·정치적 토대가 동일하였음에도 동양, 특히 극동 3국(한국, 일본, 중국)과 서구 사이에 법률분쟁을 해결하는 방법이 서로 달랐는지 여부가 확인되어야 한다.

둘째, 법률분쟁을 해결하는 합리적인 법률이 정비되고 그에 걸맞는 근대적인 재판절차가 국민에게 똑같이 보장되었는지 여부와 더불어, 그럼에도 동양인들은 재판보다는 화해 또는 조정으로 그들의 분쟁을 해결하였다는 사실이 실제적으로 증명되지 않는 한, 이 가설은 가설로 끝나는 것이지 동양의 법률발달사를 정확히 설명한다고 볼 수 없을 것이다.

일본 큐슈 지방, 난蘭 학파의 엘리트 집단에 의하여 일본 근대화가 주도되고 그들이 조선을 병합하면서 우리 법률생활의 기초가 되는 두 가지 제도, 즉 신분생활을 증명하는 호적제도와 부동산의 소유 및 권리관계 변동을 증명하는 부동산의 등기제도를 강제로 도입한 이래 한국의 법률문화 수준이 아직도 일본 법률문화의 아류에 그치고 있다고 함은 지나친 단정일까.

이러함에도 우리 선조들이 부동산에 관한 소송을 서구 여러 나라와 같이 법원을 통해 해결하지 못한 원인을 이론과 제도의 미비에서 찾지 않고 전통적인 생활관습에서 비롯됐다고 보는 가설이 있다면 형식적인 주장에 지나지 않는다고 본다.

나. 동양의 전통적인 법률관념에 관하여 한 가지 덧붙이고 싶은 말이 있다. 제2차 세계대전 중 미국 서부지역에서 일본인들의 거주를 제한하고 집단수용소 생활을 강제한 서부지역 군사령관의 명령을 미국 최고법원이 합헌이라고 지지한 데 대해 미국 대부분의 헌법학자들이 헌법 사상 가장 잘못된 판결임을 인정하고 당시 피해를 입은 일본인들에게 보상까지 한 바 있다.

반면 일본에 거주하는 한국 교포들은 일본 국민과 똑같이 세금을 납부함에도 참정권 및 취업에서의 불평등이 아직도 존재하고 있고, 뚜렷한 명분 없이 6.25 전쟁에 참전하여 전쟁을 장기화시키고 피해를 확대시킨 중국 정부는 법률적인 보상 문제는 둘째 치고라도 우리 국민에게 아직 외교적인 유감의 뜻도 표시하지 않고 있으니, 이것이 전통적인 동양의 법률관행이라면 이를 버리고 미국의 것을 따르고 싶다.

쌍무주의에 대하여

미국에 있어서 변호사 시험은 각 주가 관할하고 있으며 주마다 시험과목도, 합격자 수도 다르다. 미연방 정부는 이에 대한 법률상 권한이 없고, 각 주의 독립성이 더욱 강화됨에 따라 역설적으로 각 주마다 상이한 시험과목의 혼란을 방지하기 위해 시험과목도 공통화되어가는 추세이다.

또한 각 주의 시험은 전국 법과대학생에게 개방되어 있으며, 한 주에서의 시험 합격자가 그 주에서 2년간 변호사 생활을 하였다면 다른 주에서도 변호사 시험을 합격한 것과 같은 효력을 부여하는 등 그들 스스로 노력하여 단일국가에서의 시험체계로 거의 전환되어가고 있다.

변호사 시장 개방 문제와 관련하여 각 주의 변호사협회가 미연방정부의 외교방침에 어긋나는 태도를 취할 경우를 우려하는 이가 있다면 우리보다 10여 년 전에 제한적이나마 변호사 시장을 개방한 일본과 미국의 경험을 참조하라고 권하고 싶다.

미국 내 대다수의 산업주는 이 협약에 가입하여 단일국가로서의 기능을 효율적으로 수행했다. 필자는 당연히 우리나라의 통상당국이 이 점을 간과하고 협상에 임하리라고 상상할 수가 없다.

우리나라 변호사 시장 개방 문제가 효율적으로 토론되기 위해서는 먼저 한국 내에서 활동 중인 외국변호사들의 고용실태를 조사하여 그들의 법적지위, 업무영역에 대한 제도적인 장치를 마련하는 것이 논리적인 선결조건이다.

이 점에 대한 언급이나 해결방안의 제시 없이 변호사 시장개방 문제를 거론한다는 것 자체가 논리적인 모순이다.

필자는 변호사 시장 개방 문제에 있어 책임 없는 개방론자는 아니다. 그러나 한국 법조계의 질적 전환을 꾀하고 대외지향성을 높이며 법률소비자인 우리 국민의 요구에 변호사인 우리가 어떻게 대처할 것인가 하는 점은 개방 문제를 놓고 다방면에 걸쳐 여러 사람이 토론에 참여할수록 한국 법조계의 장래는 밝을 것이다.

칼과 방패, 모순의 역설을 깨자

〈시민과 변호사〉 1994년 5월호

법률시장 개방에 대한 진보적 자세

소위 법률시장 legal market 개방 문제가 현재 한미간에 쌍무적인 무역, 또는 외교 현안으로 등장하고 있는 것은 주지의 사실이다 (법률시장이라 함은 넓게 볼 때 사법부 및 검찰, 변호사 등을 포함하는 것으로 해석될 여지가 있으나 현재 한미간에 문제가 되고 있는 것은 위 직종 중 변호사만 해당되므로 오해를 피해 여기서는 변호사 시장으로 명기하려고 한다).

이 문제에 대한 접근방법을 놓고 반대의 입장을 취하든 보다 진보적인 입장을 택하든 애국심이라는 국민감정에 호소하는 주장들만 난무해온 것이 사실이다. 그러나 이런 비논리적인 접근방법에서 벗어나 1994년 〈시민과 변호사〉 4월호에 이정훈 변호사가 '법률시장 개방에 반대한다'는 제목 아래 변호사 시장이 개방되어서는 안 되는— 제한적인 시장개방에는 찬성하는 것같이 보이기도 함— 이유를 여러 가지로 설명하며 논리적인 대응을 한 것이 이 문제에 대한 제대로 된 첫 접근이었다고 기억하고 있다.

앞으로 변호사 시장 개방 문제에 대한 토론이 활성화되고 이 문제에 대한 여러 대응방법이 나올 터라 필자 또한 평소의 생각을 몇 가지 제시하여 문제의 본질을 분명히 하고자 한다.

쌍무주의의 원칙

현재 한미 간에 진행되고 있는 변호사 시장 개방 문제는 쌍무주의의 원칙하에 있다. 이 말이 의미하고 있는 바는, 변호사 시장 개방이 제한적이든(한국에서 미국 변호사가 섭외사건만 상담하는 것을 제한적 개방이라고 언급한 이 변호사의 표현을 따르기로 한다) 완전하든(미국 측이 요구하고 있는 한국 변호사의 고용이나 한국 변호사와의 동업문제를 허락하는 것을 완전개방이라고 말할 수 있을지 여부는 논의의 여지가 있으나, 결론이 나오기 전까지는 제한적 개방에 대칭되는 의미로 완전개방이라는 말을 사용한다) 우리가 미국 변호사에게 제공하는 것과 똑같은 권리를 한국 변호사 역시 미국 변호사 시장에서 누릴 수 있음을 뜻한다. 이것이 쌍무주의의 원칙이다.

따라서 변호사 시장이 개방된다면 한국의 변호사들도 미국으로 건너가 그곳에 거주하는 한국인이나 한국계 기업, 나아가 미국인을 상대로 변호사 활동을 할 수 있게 된다. 다만 우리 한국 변호사들이 미국에서의 활동을 성공으로 이끌 것인가, 실패로 끝날 것인가 하는 성패는 우리에게 부여된 기회를 어떻게 활용하느냐에 달려 있다.

미국법도 반대해야 하는가

이 변호사는 변호사 시장이 개방되어서는 안 되는 근거로 국내 법률소비자가 감수해야 할 경제적 피해를 거론하면서, 미국 법이 기초하고 있는 판례 중심의 보통법, 즉 코먼 로를 주된 이유로 꼽았다.

한 나라의 법률체계는 그 나라의 정치, 사회, 문화, 경제 등 모든 분야를 포함하는 상위구조로서 국민을 대표하는 국회에서 통과된 그 나라의 정치적 결단이기 때문에 제3의 국민은 상대 국가의 법률을 비판함에 있어 찬성이든 반대든 신중한 입장을 취해야 하는 것이 원칙일 것이다. 하지만 토론을 위해 이 변호사가 거론한 몇 가지 측면에 대해 필자 나름의 견해를 적어보고자 한다.

미국의 보통법은 판례 중심으로 발달했으며, 배심제도를 전제로 하고 있음은 주지의 사실이다(Ballentine's Law Dictionary, 1969년판 228쪽·참조).

미국의 사법제도는 사실 판단을 배심에게, 법률 적용을 판사에게 위임하는 이원화된 재판구조를 취하고 있을 뿐 아니라, 재판을 여론 및 정치적 영향력에서 배제시켜 오늘날 미국 민주주의의 기초가 되었음은 논쟁의 여지가 없다.

이는 '오늘날 한국의 형사재판을 예측 가능하게 하고 정치적 영향력에서 독립시킬 수 없을까' 하는 문제에 있어 하나의 모델로서 고민하고 있는 부분이기도 하다.

20세기 후반에 들어 보통법 중심의 미국 법률체계에도 혁명적인 변화가 찾아왔다. 경제법 분야—조세, 공정거래법, 증권거래법—에서 대량의 성문법을 취함으로써 거래의 안정 및 예측 가능성 그리고 소비자 보호에 만전을 기하고 나선 것이다.

우리나라에서도 미국의 영향을 받아 많은 법률에서 미국의 제도를 수용했으나 소비자보호나 행정행위의 사법통제에는 미흡한 점이 많이 노출되고 있다.

증권거래법은 미국의 법률을 그대로 가져왔으나 아직 내부자거래inside trade에 대한 통제나 상장going on public 요건의 엄격함이 지켜지지 않아 소액 주식투자가의 보호가 완전치 못한 상태다. 또 공정거래위원회 및 소추기관 구성에 있어 미국과 달리 법무부와 법원을 배제시키고 일본의 대장성 형type을 따라 경제기획원의 공정거래실이 이를 독점하도록 하고 있다.

그 결과 오늘날 법무부의 검사가 직급상 문제로 경제기획원에 파견되지 못하는 난센스까지 벌어지는 등, 이 문제에 관한 한 법률가가 소외되고 있다.

제조물책임product liability제도는 대기업과 계약관계에 있지 않은 최종소비자를 보호하기 위한 근대 사법이론의 계약관계를 확장한 것으로서, 주로 내구소비재—자동차 및 냉장고 등 가전제품—의 최종소비자를 보호하기 위한 입법을 통해 소비자가 손해배상청구는 물론 상품의 교체recall까지 요구할 수 있는 지위를 보장하고 있다.

이에 우리나라의 소비자단체도 소비자보호를 위해 제조물책임제도의 도입을 요구하고 있으며 우리 학계의 관심도 커져가고 있는 가운데 몇 년 전 사법시험에 제조물책임에 대한 이론이 출제되었음은 실로 반가운 현상이 아닐 수 없다.

미국에서는 의사 및 변호사들의 업무수행상 과오에 대한 소송이 증가하고 있고 막대한 손해배상 책임을 담보하기 위하여 보험에 가입하고 있는 추세이나 이는 오히려 소비자보호가 확대되고 있음을 말해주는 현상이라 할 수 있다. 우리나라에서도 이들 전문직종과 소비자 사이에 발생하는 분쟁을 효과적으로 해결하기 위한 제도나 입법의 필요성이 머지않아 부각될 것으로 보인다.

한편 미국의 부동산 매매계약서 및 임대차계약서는 우리보다 까다롭고 계약서의 분량 역시 장황한 것은 사실이다. 이는 미국 대다수 주에서 부동산이 지번별로 등기가 되어 있지 않고 사람의 이름별로 등기가 되어 있는 데다 상속을 포함한 재산의 처분행위가 실로 복잡하여 법과대학을 졸업하고 실무에 수십 년간 종사한 법률가조차 실수하는 경우가 많기 때문이다.

이 분야는 실제로 미국의 토속성이 가장 강한 분야이고 세계화가 될 수 없는 가장 취약한 영역임이 틀림없다.

이상에서 살펴본 바와 같이 미국 법은 나름대로의 장점과 단점을 함께 가지고 있으나 현재 미국 내에서 살아가고 있는 미국 국민들에게는 가장 알맞은 제도라 여겨지고 있기에 개정이 필요하다면 그들 스스로 결정할 문제이지, 우리의 영역은 아님이 분명하다.

다만 미국과 숙명적으로 경제 및 외교, 국방 분야에서 상호의존하고 있는 우리로서는 미국의 법률이 우리와 다르다고 하여 이를 배척할 것이 아니라 연구·검토하여 우리에게 맞게 변형시켜야 할 극복의 대상에 지나지 않는다.

한국에서 활동 중인 미국 변호사들

한국 변호사업계에 섭외적foreign 사건이 발생하기 시작한 시기를 따져보면, 경제개발이 가속화되면서 외국의 자본 및 기술에 한국의 노동력을 결합하는 독특한 형태를 취하기 시작한 1960년대 무렵으로 추측된다.

초기에는 외국어가 능숙한 변호사가 섭외적 사건을 도맡았으나 점차 실제 이론에 밝은 변호사가 요구되면서 많은 법률가가 미국으로 유학을 다녀왔으며, 미국 변호사 자격을 취득한 국내 변호사 수도 오늘날 상당수에 이르고 있다.

문제가 되는 것은 국내의 변호사 자격은 없는 미국 변호사와 한국의 이민 2세 변호사가 국내에서 상당수 활동하고 있음에도 불구하고 이들의 고용실태와 활동영역, 그리고 법적지위 등에 대해 공개적인 토론이나 여과를 일체 거치지 않은 채 우리가 변호사 시장개방 문제를 맞고 있다는 사실이다.

우리 사회에는 분명 이들에 대한 수요가 있으며, 이들 역시 우리나라 소비자보호에 긍정적인 역할을 한 부분 해내고 있을 것이다. 그렇다면 이들의 활동을 공개적으로 인정하는 것인지, 혹은 어떤 제한이 있는지, 법무부나 대한변호사협회는 공개적으로 유권해석을 내리든지 입법적인 해결책을 찾아야 할 것이다. 그 전까지는 변호사 시장개방 문제의 결론을 도출하기란 어려울 수밖에 없다.

사실 이들에게는 한국 법정출입이라는 내재적 한계에 따른 활동범위의 제약 외에 미 8군 법정, 대한상사중재원, 국내외 한국 소비자를 위한 상담 등 무한정 시장이 개방되어 있는 현실에서 한국 법조계가 무엇을 반대하고 있는 것인지 필자는 혼란스러울 수밖에 없다.

미국 측의 요구사항과 이미 한국 변호사업계에서 미국 변호사들이 활동하고 있는 현실을 감안할 때 그 차이점은 누가 미국 변호사를 고용하는가, 경영의 귀속주체가 누구인가 하는 것밖에는 없다는 결론에 쉽게 도달할 수 있다.

과연 이렇게 결론 내려도 좋은 것인가, 이 같은 결론 위에서 변호사 시장개방 문제에 대한 대응방안을 수립해도 되는 걸까. 이것이 누군가는 대답해야 할 두 가지 물음이다.

우리나라의 모든 산업이 국제경쟁력 확보에 비상이 걸려 있듯이 토속적 의미가 강한 법률 분야를 제외하고는 한국의 변호사업계 역시 경쟁력 확보가 초미의 관심사가 되고 있다.

그 대처방안은 여러 가지가 있으나 대체적으로 변호사 자신의 전문화와 전문화된 변호사들이 모여 조직을 구성하는 방안 등으로 결론이 도출되는 것 같다.

필자는 이 점에 전혀 이의가 없다. 다만 변호사 시장개방 문제가 현실의 토대 위에서 국가이익과 소비자보호라는 측면을 감안하여 좀 더 개방적인 결론이 도출되기를 바란다.

끝으로, 일본어와 영어에 능통한 한국의 한 변호사가 일본의 큰 회사로부터 합작위임을 받아 필리핀 현지에서 일본 회사와 필리핀 회사 사이의 합작계약을 성공적으로 마무리했다는 반가운 소식을 전하고 싶다. 실로 당당하게 뻗어가는 한국 변호사의 미래상이 우리 옆에 있는 것이다.

변호사업계의 현상타파
주장에 대한 반론反論

〈시민과 변호사〉 1995년 4월호

변호사업계의 현상타파를 요구하는 주장

　가. 김영삼 정부가 국정목표로 세계화를 제시한 가운데, 1994년 대한변호사협회가 변호사와 의뢰인 사이의 보수분쟁을 방지하기 위해 형사사건에 대한 착수금 및 성공부수금의 상한선을 각각 1,000만원으로 인상하기로 하자, 소비자단체 및 일반 국민들이 적은 비용으로 변호사를 이용할 수 있게끔 변호사 숫자를 증원하기 위해 1년에 2만 명 정도의 사법시험 합격자를 배출하고 법과대학의 학제를 미국의 법과대학원, 즉 로스쿨로 개편하

자는 주장이 나오고 있다.

여기에 우리 사법제도가 아직까지 전근대적이며 이로 말미암아 국민들이 희생을 감수할 수밖에 없다는 주장을 신문, 방송, 텔레비전 등 언론매체를 통해 쏟아내면서 그 대표적인 예로 한국 변호사제도를 꼽는 한편, 고위직 판검사 출신의 변호사에 대한 전관예우의 부당성을 예로 들며 변호사가 탈세의 온상인 양 대대적인 세무사찰까지 나서겠다고 국세청은 밝히고 있다.

나. 필자는 우선 변호사업계의 현상타파를 주장하는 이들이 변호사 제도 자체를 없애는 데까지 가지 아니한 것에 대해 상당히 주목하고 있다.

아울러 일제강점기의 탄압 및 과거 박정희 시대와 군부통치 시기, 형사사건에서 정당한 절차가 무시되고 집권층에 반대할 수 있는 자유가 봉쇄된 데 맞서 변호사들이 법조계의 독립을 주장하고 절차의 정당성 및 비판의 자유와 옹호에 기여한 점을 일부 언론에서 높이 평가하고 있는 점에 유념하고 있다.

다. 필자는 변호사업계의 현상타파를 주장하고 있는 일부 법과대학 교수의 자질 문제에 관하여 우선 언급하고자 한다.

소비자단체나 국민들이 구체적인 사건을 변호사에게 위임한 결과 변호사의 불성실이나 불친절로 인해 시정을 요구한다면 그 주장은 합리적일 것이다. 그러나 국민 인구수 또는 국민총생산 GNP을 기준으로 변호사 숫자를 단순 비교하고 미국의 대학원 제도를 무비판적으로 수용하자는 대안을 대학교수들이 주장하고 있다는 점에 대해 필자는 아연실색할 수밖에 없다.

이들이 외국의 법률실무 및 법과대학을 소개하고 그것을 기초로 한국의 제도를 비판하기 위해서는 첫째, 외국의 법과대학에서 그 나라 법률 전체를(그것이 불가능하다면 상당 부분) 성실히 공부했어야 한다.

둘째, 그 나라의 변호사 시험에 합격해 법률실무에 종사하면서 체득한 경험, 이를테면 그 나라의 법률문화가 어떻게 시작하여 전개되어왔고 개선할 점은 없는지, 변호사의 보수는 어떻게 결정되는지. 법조일원화—법원, 검찰, 변호사의 일원화뿐 아니라 넓게는 법과대학의 교수를 포함한 광의의 뜻으로—는 어떤 방식으로 원활하게 이루어지고 있는지를 철저히 분석한 후에 비판의 소재로 삼아야 옳다.

그러나 이들 교수들에게 그만한 자격이 있는지 대단히 의심스럽고, 무엇보다 그들이 한국 법조실무에 종사한 경험이 없으며 주로 헌법을 비롯한 공법 분야 종사자라는 사실은 흥미롭기까지 하다.

한국의 변호사 숫자는 적은가

가. 서울지방변호사회의 통계에 따르면 1994년 서울지방변호사회가 공식적으로 확인한 변호사의 사건수임 건수는 121,570건으로 1993년도보다 6.7% 감소한 것으로 나타났고, 같은 해 서울에서 개업하고 있는 변호사 1,803명을 기준으로 보면 1인당 63.54건, 매월 5건을 약간 상회하는 사건을 수임하는 것으로 나타났다. 경제활동이 전국에서 가장 왕성한 서울의 형편이 이렇다면 전국적으로 이와 같은 사정은 대동소이할 것이다.■

변호사 숫자를 외국과 비교하면서 미국이나 일본, 독일, 프랑스의 변호사가 1년 동안 처리하는 1인당 사건 수는 어째서 비교하지 않는가. 외국에는 존재하지 않는 유사법률 직종이 한국에는 왜 존재하며 유사법률 직종 종사자들을 앞으로 어떻게 정리할 것인지 말하지 않는가.

미국에서는 변호사 시험 합격자 중 절반가량이 행정부나 입법부 또는 일반 기업체의 중견간부로 취업하고 있으며 사법부의

■ 2009년 서울지방변호사회를 경유한 본안사건 수임건수는 약 22만 건, 이 가운데 저가수임사건과 소액사건 수임건수를 제외하고 실제 본안사건이라고 불릴 만한 수임건수는 17만 4천여 건이다. 이를 서울변회 전체회원 7,380명으로 나누면 변호사 1인당 연평균 수임건수는 23.6건, 월평균 1.9건을 수임한 것으로 드러났다.

법원서기, 법과대학의 모든 교수들이 변호사 자격증을 소지하고 있는 사실을 무시하고 인구비례와 국민총생산을 기준으로 단순 비교하는 건가.

나. 지금 한국의 변호사업계는 단군 이래 최대의 불황이라고 아우성이다. 월 평균 5건의 사건을 수임해서는 그동안 오른 임대료, 인건비 및 기타 사무실을 유지하기 위한 경비를 충당하기도 어렵다는 것은 사건수임 건수에 평균수임료를 산술적으로 계산하면 수치상 명백하고, 실제로 사무실을 지방으로 이전하거나 합동사무실을 구성하는 등 변호사업계의 자구 노력 또한 쉽게 확인할 수 있다.

그럼에도 불구하고 왜 법률소비자는 변호사 사무실의 문턱이 높고 수임료는 비싸다고만 하는 걸까. 이러한 역설적인 현상을 어떻게 설명해야 하는 걸까.

우리의 변호사업계가 그동안 맡아온 사건의 주종을 살펴보면, 6.25 전쟁을 겪으면서 등기부 멸실 및 농지개혁을 둘러싼 부동산 소유권에 관련된 사건을 시작으로 석탄을 캐는 탄광 현장에서의 사고 및 군인이나 민간인의 교통사고 중심의 손해배상 문제가 한때 주류를 이루었다. 그리고 오늘날에는 안정된 사회에서 일어날 수 있는 일반적인 민사사건과 더불어 국제거래, 조세, 특허, 기타 선박보험, 합작을 중심으로 하는 현대 자본주의의 대표적인 법률분쟁으로 옮겨가는 과도기에 직면해 있다.

따라서 소가訴價를 중심으로 변호사의 보수체계를 산정하는 대륙법 체계를 따르고 있는 한국 변호사의 실정을 고려할 때 형사사건을 제외하고 변호사가 충분한 보수를 보장받을 수 있는 사건은 법인이 관련된 사건을 제외하면 많지 않은 실정이다.

그러므로 형사사건을 제외한 일반 민사사건이나 행정사건, 가사사건에 있어서 의뢰인과 변호사 사이의 수임료 분쟁을 방지하고 국민이 변호사를 값싸게 이용하기 위해 변호사가 사건에 실제로 투입된 시간을 기준으로 보수를 결정하는 영미식 보수체계를 의뢰인과 변호사가 선택하게끔 하는 방법도 한 가지 대안이 될 것이다.

변호사가 재판에 임하여 법정을 다니다 보면 재판순서를 기다리거나 서울시의 극심한 교통난으로 인하여 사무실을 비울 때가 많아, 미리 약속하지 않은 의뢰인들과 만날 수 없고 이로 인해 사건진행 설명이 충분치 않은 경우가 많다.

이로 인해 당사자들에게 변호사 사무실의 문턱이 높다는 오해를 살 여지가 있으므로, 의뢰인에게 서면으로 사건진행 상황을 반드시 알려주는 것이 불성실과 불친절을 피할 수 있는 한 방법이 될 수도 있다.

다. 한국에 있어서 변호사의 주된 업무를 소송사건에만 국한하고 있는 오늘의 현실은 타당할까. 이 문제를 검토하기란 상당히 어렵다. 우리 국민의 법률생활과 직결되는 문제이기 때문이다.

현상타파를 주장하는 이들이 자주 인용하는 미국 국민들의 일상적인 법률생활을 살펴보자.

미국에서는 부동산 거래나 임차(미국의 부동산등기는 여전히 중세 영국에서 사용하던 방식대로 사람 이름에 따라 구분되어 있고 부동산의 사용이나 수익권한 처분도 매우 세분화되어 있기 때문이다), 결혼 시 쌍방의 재산정리, 40세 이후 매년 다시 하는 유언장 작성, 금융거래 시 우선채권의 확보, 기업의 매수 및 합병, 상품 소비자가격 결정(미국의 공정거래법과 관련되어 있기 때문이다), 주식상장 등에 있어서 변호사의 보고 의무가 필수적이며, 합작계약서 작성 등 모든 부분에 있어서 변호사의 참여가 거의 강제되고 있다.

우리나라는 어떠한가. 가장 기초적인 법률생활 가운데 하나인 부동산의 거래에 있어서도 변호사가 참여하는 경우는 거의 없으며(필자는 13년에 걸친 변호사 생활 중 외국인인 경우를 제외하고는 부동산거래 계약업무를 한 번도 의뢰받은 사실이 없다), 유언장을 작성하지 않아 막대한 재산을 두고 형제끼리 다투거나 기업의 경영권 장악을 두고 골육상쟁을 벌이는 경우를 주위에서 흔히 목격할 수 있다.

경제생활과 재산의 크기는 그 거래나 처분을 놓고 변호사의 전문지식을 필요로 하고 있으나 국민들의 법률에 대한 감각은 아직도 전근대적인 수준에 머무르고 있으니 이를 변호사의 탓으로 돌릴 수는 없을 것이다.

국민들의 법률생활 안정을 위하여 대한변호사협회는 변호사를 저렴하게 이용할 수 있는 제도적인 길을 열어놓아야 하며, 변호사와 상담 없이 재산처분 행위가 발생할 때 일어날 수 있는 불이익의 방지를 도모하는 것은 대학교육이나 기타 홍보를 통해 국민을 교육하는 정부의 몫일 것이다.

라. 전문적인 법률지식을 가진 변호사의 참여를 국가가 제도적으로 봉쇄하고 있는 문제점에 대해서도 이야기해보자.

국민과 가장 자주 접촉하는 경찰서를 비롯해서 준사법적인 기능을 하는 1심 법원에 해당하는 국제심판소, 특허심판소, 그리고 정부의 각급 공익위원회나 법무관실, 감사원, 공정거래위원회(미국식 모델에 의하면 법무부 산하이나 우리나라는 일본을 모델 삼아 재정경제원 소속하에 있으며, 공정거래위원회의 고발 없이는 검사마저 수사에 착수할 수 없게 되어 있어 개편이 시급하다), 증권 관련기관 등에는 변호사의 참여가 필요하나, 오히려 이를 배제하고 있는 기관의 수를 헤아리기가 어려울 정도다.

그동안 우리의 국력을 경제개발과 성장에 집중 투입하면서 법적 안정성보다는 개발에 치중하였고, 법률 이론과 제도 역시 생활환경이나 경제여건에서 월등히 차이가 나는 미국보다는 경제성장에 매달려온 일본으로부터 도입한 결과, 일본처럼 법률전문가의 배제가 자연스러운 관례가 되어버렸다.

변호사업계의 현상타파를 외치는 주장 가운데 변호사 수의 증원을 정당화하기 위해서는 우선 국민의 법률생활이 미국, 유럽 등 선진국과 같이 변호사가 일상생활에 필요하게끔 변화되어야 하고, 그런 다음 법률전문가의 참여를 실무적으로 막고 있는 우리 제도의 개편이 전제되어야 할 것이다.

이와 같은 변화와 전제 없이는 현행 300여 명의 사법시험 합격자 수에 법조인력의 자연소모율과 경제규모의 확대에 따른 법조수요의 확장을 고려하여 점진적으로 증원이 이루어져야 하며, 그 결정에 법조계의 의견이 최대한 반영되어야 한다.

법조계의 모럴 해저드 문제를 어떻게 볼 것인가

법원이나 검찰의 고위직을 역임한 사람이 변호사를 개업하여 1년 안에 10억 원대 이상의 수입을 올리는 현실은 법원과 검찰의 고위직을 퇴임한 변호사에 대한 봐주기식 편법에 원인이 있으므로, 이 같은 관행을 시정하는 것이 전관예우 문제의 본질인 듯하다. 이 문제에 대한 접근에 앞서 두 가지 물음을 제기하고자 한다.

첫째, 변호사는 반드시 가난해야 하는가.

둘째, 수사나 재판과정에 있어서 정치적 압력이나 기타의 유혹을 제거하는 배심제도가 없는 우리 사법제도에서 어떻게 공정성을 확보할 것인가.

이 두 가지에 물음에 대한 결론 없이는 전관예우 문제의 본질에 접근할 수 없을 것이다.

가. 변호사는 반드시 가난해야 하는가?

변호사는 가난해서는 안 된다. 국민의 생명과 재산 보호를 속성으로 하는 직업의 특성상 변호사가 가난해서는 사건을 둘러싼 처리과정에 있어 금전적인 유혹을 뿌리칠 수가 없을 것이다.

실제 변호사 사이의 경쟁이 치열한 미국의 경우, 사건 의뢰인과 변호사 사이의 금전적 처리과정에 있어 한 해 300명 이상의 변호사가 잘못을 저질러 자격을 박탈당한다고 한다. 금전문제로 인한 변호사의 품위유지가 사회문제가 되고 있기는 일본도 마찬가지다.

더군다나 선진국과 복지국가로 가는 길목에 있는 우리나라에는 정치의 다원화, 부의 재분배, 노사 간의 갈등 등 국가나 사회가 해결해야 할 과제가 산적한데, 이를 처리하는 과정에서 여론을 형성하고 사회적 갈등의 완충역할을 해야 할 변호사가 가난해서는 국가의 의사결정이 급진적으로 흐를 위험성이 너무나 크다.

변호사의 실질소득을 계산함에 있어서 세무당국은 참으로 많은 점을 고려해야 할 것이다. 우리 사회에서 변호사라는 집단을 다른 계층과 분리하여 완벽한 도덕군자의 집합체라고 보아서는 안 될 것이다.

변호사업계의 만성적 고질병인, 사건유치를 둘러싼 과당경쟁으로 인한 부조리, 형사사건에 있어서 실형이 선고되었을 경우 의뢰인에 대한 착수금 반환 문제와 함께, 소득을 결정하는 1년 단위의 과세연도는 세무행정의 편의를 위한 편법이라는 점을 감안해 미국의 연방소득법처럼 특정 회계연도의 소득을 5년을 단위로 한 이월제도를 인정하여 납세의무자인 변호사의 조세저항을 줄여주어야 할 것이다.

나. 사법절차의 공정성 확보

필자는 1973년 4월 1일자로 서울지방법원 인천지법 판사로 발령받아 첫 민사재판의 배석으로 입회하게 되었다.

그해 대법관 및 중앙선거관리위원회 위원장직에서 퇴임한 S 변호사가 자동차 손해배상 사고의 피고 측 대리인으로 참석하였다. 재판장이 첫 사건으로 호명하여 재판을 진행한 뒤, 재판이 끝났는데도 우산도 없이 법원의 처마 밑에서 비를 피하고 있는 모습을 보았다.

이것이 우리 법조계의 자화상은 아닐는지, 왜 우리는 대법관을 지낸 원로 법조인을 미국처럼 종신대법관으로 인정하여 퇴임 후에도 재직 중과 똑같은 보수와 대접을 해드리지 못하는지, 평생 사법정의의 보호와 국가발전에 기여한 그들의 공로를 뒤로 하고 호구지책 마련을 위해 변호사라는 직업밖에는 보상해줄 방법이 없는지 한번쯤 심각한 반성을 해볼 부분이다. 더불어 국가적으로 이에 대한 대책이 절실하다 할 것이다.

변호사의 과수임료와 전관예우를 통틀어 국민으로부터 가장 지탄받는 부분은 판검사에서 퇴임한 후 형사사건의 구속적부심에 있어서 석방 또는 보석청구를 신청할 시 이례적으로 보석 허가 등이 받아들여지는 경우일 것이다.

자유민주주의 국가에서 변호사가 어떠한 종류의 사건을 선임 받았든 그것은 의뢰인과 변호사 사이의 문제일 뿐, 비난할 일이 아니다. 그러나 다른 변호사가 신청하면 기각이 되는 사건을 전관의 변호사가 맡아 신청하면 받아들여지고, 그 대가로 고액의 수임료가 건너간다면 이는 우리 사법제도의 공정성에 심각한 도전이 될 것이다.

필자는 평소 형사사법제도의 운영에 있어 참으로 많은 의문을 가지고 있다.

첫째, 형사사건에서 실형이 선고될 가능성이 없는 사건까지 구속영장이 발부되어야 하는가.

둘째, 보석 신청의 경우 집행유예가 기대되는 사건은 보석금을 대폭 인상하더라도 보석을 전부 허가하는 방법은 없는가.

셋째, 미국의 뉴욕 주와 같이 단순절도사건이나 단순폭행사건의 경우 즉결에 회부되고 즉결에서 1년 미만의 구류나 사회봉사, 벌금형을 선고함으로써 정식 형사재판에 회부되는 사건을 대폭적으로 줄일 수 있는 방안은 없는가.

넷째, 사회적 처벌이 경미한 강력범죄의 경우, 이의 탄력적 운영을 기대할 수 없는가(추위를 피하기 위하여 불을 피우려고 공사장의 필요 없는 나무를 가지고 나오다 경비원에 들켜 시비가 일어난 과정에서 경비원을 폭행하였다면 집행유예도 허락되지 않는 강도상해로 처벌하기보다는 절도죄와 폭행치상죄의 경합법으로 처벌할 수 없을까. 남녀가 여관에 같이 투숙하였으나 화대문제로 시비가 발생하여 남자가 여자를 폭행할 경우, 이를 강간치상으로 처벌하는 것은 참으로 불합리하다. 미국의 경우 여자가 모르는 남자가 운전하는 차에 동승만 하여도 성행위에 동의한 것으로 간주한다).

필자는 전관예우 문제가 우리 형사사법제도의 방만한 운영 결과라고 보기에 운영 방식을 근원적으로 개혁하지 않고서는 모든 대책이 미봉책에 끝나고 말 것이라고 보고 있다.

일부 언론보도에 의하면 검찰 고위직을 역임한 변호사가 검찰의 수사초기 단계에 개입하여 피의자의 입건을 유예하는 사례가 있다고 한다. 피의자를 수사해본 결과 계속수사의 필요가 없다면 입건을 유예할 수 있고 따라서 이 문제는 검찰의 고유권한이라 하겠으나, 수사의 공정성 확보를 위해 수사단계에 관여하는 것은 바람직한 현상이라고 볼 수 없다.

또 변호사 출신의 국회의원, 특히 국회법사위원회 소속의 변호사가 형사사건을 선임받아 검찰청에 출입하는 것도 수사의 공정성에 흠이 가는 일이라고 본다.

국회위원이 형사사건을 선임받기 위해서는 국회의장의 동의가 필요해야 하는 것은 아닌지도 앞으로의 연구과제일 것이다.

(이하생략)

🏛 글을 맺으며

　필자는 그동안 겪은 법조계의 경험과 지식을 사회에 환원하고자 1983년부터 2005년 2월까지 무려 22년 동안이나 서울지방변호사협회 및 서울시와 함께 무료법률상담소에서 법률상담을 지원해왔다.

　당시와 지금의 현실을 비교해보면 격세지감을 느낄 수밖에 없다. 1990년대 중반까지는 주로 가난한 이들이 법률상담을 요청해왔다. 그러나 이후 상담을 요청해오는 상당수는 법을 이용해 상대방과의 법률분쟁에서 이기려는 경향이 두드러졌다. 말 그대로 양식의 증발이라는 느낌을 진하게 던져주는 변화였다. 이와 함께 변호사를 사회적 지사가 아닌 법적분쟁의 수단이자 자신의 이익에 도움을 주는 도구로 여기는 시각도 늘어났다.

물론 전부 그런 것은 아니지만 법률상담이 상대를 해치거나 제압하기 위해 활용됨으로써 법조계의 부정적인 면들이 상대적으로 부각되기 시작한 점은 참으로 유감스러운 일이 아닐 수 없다. 일례로 카드대금을 연체하고 빚을 털기 위해 법을 이용하거나 사회시스템에 도전하기도 하고 인생의 동반자를 밀어내면서까지 새로운 연인을 만들기 위해 법을 동원하는 사례도 늘어났다. 우리의 법률문화 현상은 우리 사회가 안고 있는 문제의 또 다른 얼굴인 셈이다.

하지만 일제강점기부터 일본의 법률을 도입하여 건국 후 지금까지 우리 법조계가 걸어온 길은 일부에서 지적하는 온갖 문제점에도 불구하고 선진국과 비교해도 손색없을 만큼 자질과 능력 면에서 성장하였기에 우리 국민은 법조계를 신뢰해도 좋을 것이다.

다만 우리 사회가 법적 안정성을 경제성장만큼 중요하게 생각하게 되었고 사회변화에 발맞춰 다양한 법조인의 출현을 기대하고 있기에 우리 법조계도 이에 부응해야 할 것이다. 더불어 법조인이라 하여 국민의 비판 밖에 존재할 수는 없을 것이다. 사법개혁에 대한 국민의 소리를 귀담아들어야 할 이유가 여기에 있다. 읽어주신 독자 여러분께 감사의 인사를 드린다.